2024

Training

Abschlussprüfung

Realschule Baden-Württemberg

Deutsch

LÖSUNGEN

STARK

18. neu bearbeitete und ergänzte Auflage
www.stark-verlag.de

Inhalt

Lösungen: Original-Abschlussprüfungen

Sobald die Original-Prüfungsaufgaben 2023 freigegeben sind, können die Lösungen als PDF auf der Plattform *MyStark* herunterladen (Zugangscode vgl. Umschlaginnenseite).

Jeweils zu Beginn des neuen Schuljahres erscheint der aktuelle Band „Training Abschlussprüfung" mit der Original-Prüfung sowie das zugehörige Lösungsbuch.

Autorinnen der Lösungsvorschläge:

Anja Engel: Training Grundwissen: Pflichtteil A 1, Pflichtteil A 2 („Nach vorn, nach Süden"), Wahlteil B („Textbeschreibung Prosa"); Lösungen zur Original-Abschlussprüfung 2022

Sandra Wagner: Training Grundwissen: Wahlteil B („Textgebundene dialektische Erörterung", „Textbeschreibung Lyrik")

Franziska Schnurrer: Übungsaufgaben

Redaktion: Pflichtteil A 2 („Die Physiker")

Vorwort

Liebe Schülerin, lieber Schüler,

dies ist das Lösungsbuch zum Band *Training Abschlussprüfung 2024 Deutsch Realschule Baden-Württemberg* (Best.-Nr. D08140). Es enthält ausführliche und kommentierte Lösungen zu den Trainingsaufgaben, den Übungsaufgaben im Stil der Abschlussprüfung und zur Original-Abschlussprüfung 2022.

Die Lösungen zur Abschlussprüfung 2023 stehen dir auf der Plattform **MyStark** als Download zur Verfügung.

Die Lösungen ermöglichen es dir, deine Leistung einzuschätzen. Es handelt sich um **Lösungsvorschläge**, die dir zeigen, wie man die Aufgaben richtig und umfassend beantworten kann. Das heißt, dass – außer bei den geschlossenen Aufgaben – auch andere Lösungen als die hier abgedruckten möglich sind. Die Lösungen sind manchmal recht ausführlich und geben dir Anregungen, was du alles schreiben könntest. Das heißt nicht, dass deine Antworten auch immer so lang sein müssen. Wichtig ist, dass du die Hinweise beachtest, die in der Aufgabenstellung genannt sind, und alles **vollständig** und **richtig** bearbeitest.

Außerdem gilt: Versuche stets, die Aufgabe zunächst **selbstständig** zu lösen, und sieh nicht gleich in der Lösung nach. Solltest du nicht weiterkommen, helfen dir die grau markierten **Hinweise und Tipps** bei der jeweiligen Lösung. Wenn du sie gelesen hast, solltest du unbedingt selbstständig weiterarbeiten. Am Schluss solltest du deine Lösung in jedem Fall mit der hier angebotenen Lösung vergleichen und deine eigenen Ergebnisse kontrollieren und gegebenenfalls korrigieren oder ergänzen. Lies zu allen Aufgaben, die du nicht richtig lösen konntest oder bei denen du dir unsicher warst, noch einmal die allgemeinen Erläuterungen in dem entsprechenden Kapitel im A4-Trainingsband durch.

Viel Spaß beim Üben und vor allem viel Erfolg in der Prüfung!

Pflichtteil A 1: Sachtext

Übung 1

1.

	richtig	falsch
Die Autorin berichtet von einem Pullover, den sie ursprünglich einmal gut fand und hauptsächlich deshalb haben wollte, weil ihn auch andere besaßen.	☒	☐
Jede*r Deutsche kauft im Jahr durchschnittlich 12 kg neue Kleidung.	☐	☒
Nur 5 Prozent aller in Deutschland gespendeter Kleidung wird direkt an Bedürftige verteilt.	☐	☒
Überwiegend werden die gespendeten Altkleider an sogenannte Verwertungsfirmen weiterverkauft.	☒	☐
Es gibt mittlerweile viele illegal aufgestellte Altkleidercontainer, die nur vorgeben, die Kleidung für karitative Zwecke zu sammeln. In Wahrheit wollen die Betreiber aber Profit machen.	☒	☐

✎ ***Hinweis:*** *Die zweite Aussage ist falsch, weil Deutsche im Durchschnitt 12 kg Kleidung pro Jahr spenden und nicht kaufen. Bei der dritten Aussage bezieht sich die Prozentangabe nur auf die Altkleider, die das DRK direkt an Bedürftige verteilt. Daher ist diese Aussage ebenfalls falsch.*

2. a) *In folgenden Zeilen findest du die Schlüsselbegriffe:*
   - „zu gut erhalten“ (Z. 7)
   - „etwas Gutes“ (Z. 8)
   - „karitativen Zwecken“ (Z. 11)
   - „Bedürftige in Deutschland“ (Z. 25)

   b) - *Oft sind die Kleidungsstücke zu gut erhalten, um sie wegzuschmeißen, deshalb* werden sie lieber in den Altkleidercontainer geworfen.
   - *Viele Menschen in Deutschland glauben,* dass sie mit ihren alten Kleidern auch noch etwas Gutes tun, das einem karitativen Zweck dient.
   - *Viele denken, dass die ausrangierten Kleider* bei Bedürftigen in Deutschland oder Afrika landen.

3. a)

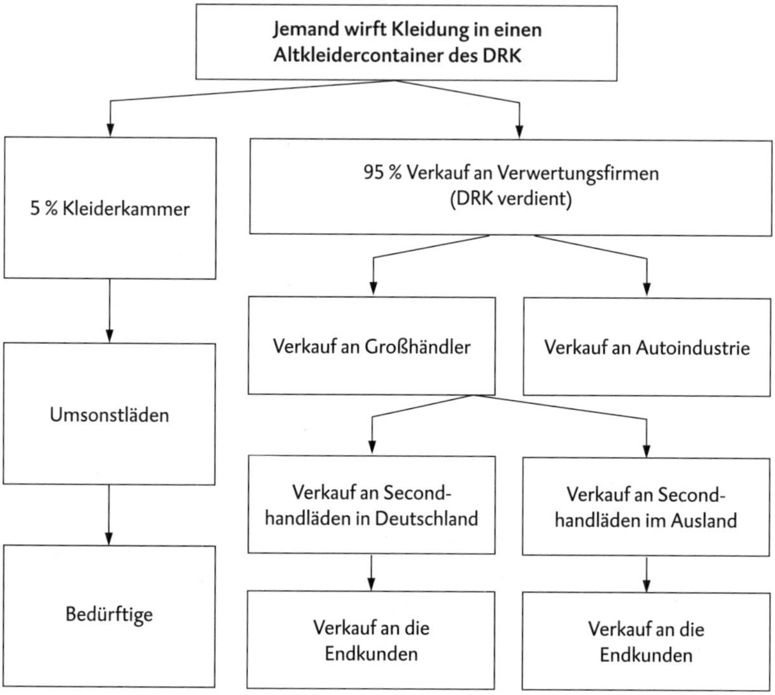

b) *So könnte dein Text weitergehen:*
Es profitieren z. B. karitative Einrichtungen wie das Deutsche Rote Kreuz (DRK). Es betreibt Kleiderkammern oder sogenannte Umsonstläden. Somit haben auch Bedürftige etwas von den Kleiderspenden. Das DRK verkauft 95 Prozent der Kleidung aus den Containern an Verwertungsfirmen, die diese wiederum an Großhändler oder die Autoindustrie weiterverkaufen. Die Großhändler verkaufen die Kleidung an Secondhandläden in Deutschland oder im Ausland. Diese verdienen anschließend ebenfalls am Verkauf der Kleidung.

4. a) Aktion: *Europa exportiert Secondhandkleidung nach Afrika.* (vgl. Z. 51–53)
Auswirkung: regionale Textilindustrie in Afrika kann mit den billigen Preisen nicht mithalten und wird zerstört

Aktion: *Ruanda verhängte 2019 ein Importverbot für Secondhandkleidung aus dem Ausland.* (vgl. Z. 53/54)
Auswirkung: lokale Industrie soll wieder aufleben

b) Ruanda hat 2019 ein Importverbot für Secondhandkleidung aus dem Ausland verhängt, um die lokale Industrie wieder aufleben zu lassen. Durch den Export von Secondhandkleidung aus Europa wird die regionale Textilindustrie in Afrika zerstört, weil diese mit den billigen Preisen nicht mithalten kann.

5. a) *Folgenden Absatz solltest du unterstrichen haben:*
„Befürworter*innen sehen das anders: Von einem Verbot profitiere nicht zwangsläufig die lokale Textilindustrie, sondern chinesische T-Shirts, Hosen oder Jacken könnten den Markt überschwemmen. Viele Menschen in Afrika würden gerne Secondhandkleidung tragen, weil sie den westlichen Modetrends entspräche, die durch Social Media auch in Afrika ankommen.“ (Z. 55–59)

b) *Befürworter*innen der Importe von europäischer Secondhandkleidung nach Afrika argumentieren,* dass von einem Verbot nicht zwangsläufig die lokale Textilindustrie profitiert, sondern stattdessen chinesische T-Shirts, Hosen oder Jacken den Markt überschwemmen könnten. Viele Menschen in Afrika trügen eigentlich gerne Secondhandkleidung, weil sie den westlichen Modetrends entspricht, die durch Social Media auch in Afrika ankommen.

6. a) *Folgende Passage solltest du unterstrichen haben:*
„Ernüchtert stelle ich fest, dass mein Versuch, meine Spende sinnvoll einzusetzen, nicht ganz geglückt ist. Altkleiderspenden sind nur eine halbherzige Lösung für ein Problem, das viel tiefer liegt. Das eigentliche Problem bin ich, die Konsumentin, die zu vielen kurzlebigen Modetrends nacheifert.“ (Z. 60–63)

b) Noelle Konate kommt zu der ernüchternden Erkenntnis, dass ihre Vorstellungen, mit ihrer Altkleiderspende viel Gutes zu bewirken, naiv waren. Sie erkennt, dass sie als Konsumentin das eigentliche Problem ist, da sie zu vielen kurzlebigen Modetrends nacheifert und damit die Massen an Altkleidern verursacht.

Übung 2

1.

	Nomen	Artikel	Adjektiv	Numerale	Pronomen	Verb	Adverb	Präposition	Konjunktion	Subjunktion	Interjektion
Das Internet verrät <u>mir</u>, woran ich seriöse Container erkenne.					X						
Nur fünf Prozent verteilt das DRK in Kleiderkammern an <u>Bedürftige</u>.	X										
Gut genug <u>für</u> die Kleiderkammer?								X			
<u>Eine</u> schöne Vorstellung, finde ich.		X									
<u>Aber</u> ist das vertretbar?									X		
<u>Eher</u> was für die Ukraine als für Uganda.							X				
Ernüchtert stelle ich fest, <u>dass</u> mein Versuch nicht ganz geglückt ist.										X	
Altkleiderspenden sind nur eine <u>halbherzige</u> Lösung.			X								
<u>Aha</u>, das hätte ich mir denken können.											X
Von einem Verbot p<u>rofitiere</u> nicht zwangsläufig die lokale Textilindustrie.						X					
Das DRK gibt an, dass es im Jahr knapp <u>hunderttausend</u> Tonnen Altkleider sammelt.				X							

2. a) *Das erste Lokaladverb:* da (Z. 1)
   b) *Das erste Modaladverb:* unberührt (Z. 1)
   c) *Das erste Numerale:* zwei (Z. 1)
   d) *Das erste Personalpronomen:* er (Z. 1)
   e) *Das erste Possessivpronomen:* meiner (Z. 2)

f) *Das erste Relativpronomen:* den (Z. 1)

g) *Die erste Konjunktion:* und (Z. 3)

h) *Die erste Subjunktion:* um (Z. 4)

i) *Das erste Modalverb:* wollte (Z. 2)

3. a) Das (**bestimmter Artikel**) Konsumverhalten, das (**Relativpronomen**) hier angeprangert wird, betrifft auch uns.

   b) Die Container werden zwar zuverlässig (**Adverb**) geleert, aber nicht immer von zuverlässigen (**Adjektiv**) Organisationen.

   c) An der Idee ist am besten (Superlativ von „gut" = **Adjektiv**), dass die Besten (nominalisiertes Adjektiv = **Nomen**) weiterhin z. B. von Bedürftigen getragen werden können.

Übung 3

So könntest du die Tabelle ergänzt haben:

Verb	Adjektiv	Nomen	zusammengesetztes Nomen (Kompositum)
schützen	schutzlos	*Schutz*	Umweltschutz
verschwenden	verschwenderisch	Verschwendung	Verschwendungssucht
recyceln	recycelbar	Recycling	*Recyclinghof*
verwerten	*verwertbar*	Verwertbarkeit/ Verwertung	Verwertungsfirma
weiterverkaufen	weiterverkaufbar	Weiterverkauf	*Weiterverkaufsverbot*
konsumieren	konsumierbar	*Konsumentin*	Konsumverhalten

Übung 4

1. a) Präsens und Perfekt

   b) Plusquamperfekt und Präteritum

   c) Futur I

2. Ich **war** neugierig und **wollte** herausfinden, ob mein Pullover in einem Umsonstladen des DRK gelandet **war**.

3. a) Dubiose Firmen stellen Altkleidercontainer illegal auf und täuschen karitative Vorhaben nur vor.
   b) Ich wurde von der Dame am Telefon darauf hingewiesen, dass es sich hier um einen Altkleidercontainer des DRK handelt.
   c) Kein neuer Pullover wurde seither (von mir) gekauft.

4.

	Indikativ	Konjunktiv I	Konjunktiv II	Ersatzform mit „würde“
Kritiker*innen argumentieren,	☒	☐	☐	☐
dass durch den Export von Secondhandkleidung die regionale Textilindustrie in Afrika zerstört werde:	☐	☒	☐	☐
Mit den billigen Preisen könne die nicht mithalten.	☐	☒	☐	☐
2019 hat Ruanda deswegen ein Importverbot verhängt.	☒	☐	☐	☐
Befürworter*innen sehen das anders:	☒	☐	☐	☐
Von einem Verbot profitiere nicht zwangsläufig die lokale Textilindustrie,	☐	☒	☐	☐
sondern chinesische T-Shirts, Hosen oder Jacken könnten den Markt überschwemmen.	☐	☐	☒	☐
Viele Menschen in Afrika würden gerne Secondhandkleidung tragen,	☐	☐	☐	☒
weil sie den westlichen Modetrends entspräche,	☐	☐	☒	☐
die durch Social Media auch in Afrika ankommen.	☒	☐	☐	☐

5.

Die Autorin erläutert:	Die Autorin erläutert, …
„Im Durchschnitt spendet jede*r zwölf Kilogramm alte Kleider im Jahr […].“ (Z. 9)	im Durchschnitt spende jede*r zwölf Kilogramm alte Kleider im Jahr (vgl. Z. 9).
„Das Internet verrät mir, woran ich seriöse Container erkenne […].“ (Z. 15)	das Internet verrate ihr, woran sie seriöse Container erkenne (vgl. Z. 15).
„Nur fünf Prozent verteilt das DRK in Kleiderkammern an Bedürftige in Deutschland.“ (Z. 24/25)	nur fünf Prozent verteile das DRK in Kleiderkammern an Bedürftige in Deutschland (vgl. Z. 24/25).
„Altkleiderspenden sind nur eine halbherzige Lösung für ein Problem, das viel tiefer liegt.“ (Z. 61/62)	Altkleiderspenden seien nur eine halbherzige Lösung für ein Problem, das viel tiefer liege (vgl. Z. 61/62).

Übung 5

a) Container: Maskulinum, Plural, Akkusativ
b) Deutschen Roten Kreuzes: Neutrum, Singular, Genitiv
c) Kleiderkammer: Femininum, Singular, Dativ
d) Preisen: Maskulinum, Plural, Dativ
e) Rest: Maskulinum, Singular, Nominativ

Übung 6

a) Es handelt sich um ein **Satzgefüge**, das aus einem Hauptsatz und einem Nebensatz besteht. Im Hauptsatz steht das Verb an der zweiten Stelle (**Verbzweitsatz**). Der Nebensatz wird durch die Subjunktion „da“ eingeleitet. Das finite Verb steht an der letzten Stelle (**Verbletztsatz**).

b) Es liegt eine **Satzreihe** vor. Diese besteht aus zwei Hauptsätzen. Im ersten Hauptsatz steht das finite Verb an zweiter Stelle (**Verbzweitsatz**). Beim zweiten Hauptsatz handelt es sich ebenfalls um einen **Verbzweitsatz**.

c) Es handelt sich um ein **Satzgefüge** aus einem Haupt- und einem Nebensatz. Im Hauptsatz steht das finite Verb an zweiter Stelle (**Verbzweitsatz**). Der Nebensatz wird durch die Subjunktion „obwohl“ eingeleitet. Das finite Verb steht an letzter Stelle (**Verbletztsatz**).

Übung 7

1. a) Seit zwei Jahren liegt er da.
   b) Auf ihnen müssen Adresse sowie Rufnummer der sammelnden Organisation stehen.
   c) Der wurde wahrscheinlich weiterverkauft.

2.

Vorfeld	linke Satz-/ Verbklammer	Mittelfeld	rechte Satz-/ Verbklammer	Nachfeld
Seit zwei Jahren	liegt	er da.		
Auf ihnen	müssen	Adresse sowie Rufnummer der sammelnden Organisation	stehen.	
Der	wurde	wahrscheinlich	weiterverkauft.	

3.

Vorfeld	linke Satz-/ Verbklammer	Mittelfeld	rechte Satz-/ Verbklammer	Nachfeld
Der restliche Raum	*ist*	*daher mit Boxen und Tüten voller Kleidung*	*vollgestopft.*	
	Ist	der restliche Raum daher mit Boxen und Tüten voller Kleidung	vollgestopft?	
Daher	ist	der restliche Raum mit Boxen und Tüten voller Kleidung	vollgestopft.	
Mit Boxen und Tüten voller Kleidung	ist	der restliche Raum daher	vollgestopft.	

4. a)

Koordinationsfeld	Vorfeld	linke Satz-/Verbklammer	Mittelfeld	rechte Satz-/Verbklammer	Nachfeld
	2019	hat	Ruanda ein Importverbot	verhängt,	um die lokale Industrie wieder aufleben zu lassen.
oder:		um	die lokale Industrie	wieder aufleben zu lassen.	
	Ruanda	hat	2019 ein Importverbot	verhängt,	um die lokale Industrie wieder aufleben zu lassen.
	Um die lokale Industrie wieder aufleben zu lassen,	hat	Ruanda 2019 ein Importverbot	verhängt.	
	Ein Importverbot	hat	Ruanda 2019	verhängt,	um die lokale Industrie wieder aufleben zu lassen.

Satzglieder sind also:
2019 (1) hat (2a) Ruanda (3) ein Importverbot (4) verhängt (2b), um die lokale Industrie wieder aufleben zu lassen (5).

b)

Koordinationsfeld	Vorfeld	linke Satz-/Verbklammer	Mittelfeld	rechte Satz-/Verbklammer	Nachfeld
	Am wahrscheinlichsten	ist	es,		dass mein Pullover mit dem ausgeleierten Ärmelsaum in einem Flieger nach Afrika liegt.
oder:		dass	mein Pullover mit dem ausgeleierten Ärmelsaum in einem Flieger nach Afrika	liegt.	
	Es	ist	am wahrscheinlichsten,		dass mein Pullover mit dem ausgeleierten Ärmelsaum in einem Flieger nach Afrika liegt.

Satzglieder sind also:
Am wahrscheinlichsten (1) ist (2) es (3), dass mein Pullover mit dem ausgeleierten Ärmelsaum in einem Flieger nach Afrika liegt.

Hinweis: *Das Pronomen „es" im Hauptsatz repräsentiert den Nebensatz. Da du das Pronomen bei der Vorfeldprobe nicht einfach weglassen darfst, handelt es sich bei dem Nebensatz auch nicht um ein eigenes Satzglied. Du kannst den ganzen Nebensatz daher in das Nachfeld eintragen oder ihn in einer eigenen Zeile aufschlüsseln, wenn das Nachfeld leer bleiben soll.*

c)

Koordinationsfeld	Vorfeld	linke Satz-/ Verbklammer	Mittelfeld	rechte Satz-/ Verbklammer	Nachfeld
	Es	hat	fast ein bisschen	geschmerzt,	als ich die Ladentür nicht öffnete.
oder:		als	ich die Ladentür nicht	öffnete.	
	Fast	hat	es ein bisschen	geschmerzt,	als ich die Ladentür nicht öffnete.
	Als ich die Ladentür nicht öffnete,	hat	es fast ein bisschen	geschmerzt.	
	Ein bisschen	hat	es fast	geschmerzt,	als ich die Ladentür nicht öffnete.

Satzglieder sind also:
Es (1) hat (2a) fast (3) ein bisschen (4) geschmerzt (2b), als ich die Ladentür nicht öffnete (5).

Übung 8

1. a) (1) 2019: (Wann?) Adverbiale Bestimmung der Zeit/Temporaladverbiale
   (2) hat ... verhängt: Prädikat
   (3) Ruanda: (Wer?) Subjekt
   (4) ein Importverbot: (Was?) Akkusativobjekt
   (5) um die lokale Industrie wieder aufleben zu lassen: (Warum?) Adverbiale Bestimmung des Grundes/Kausaladverbiale

   b) (1) Am wahrscheinlichsten: (Wie?) Adverbiale Bestimmung der Art und Weise/Modaladverbiale
   (2) ist: Prädikat
   (3) es: (Was?) Subjekt

   c) (1) Es: (Was?) Subjekt
   (2) hat ... geschmerzt: Prädikat
   (3) fast: (Wie?) Adverbiale Bestimmung der Art und Weise/Modaladverbiale
   (4) ein bisschen: (Wie?) Adverbiale Bestimmung der Art und Weise/Modaladverbiale
   (5) als ich die Ladentür nicht öffnete: (Wann?) Adverbiale Bestimmung der Zeit/Temporaladverbiale

2. a) Die Container <u>ohne Aufstellgenehmigung</u> sollte man meiden. → Präpositionales Attribut

   b) Die Absichten <u>der Spender</u> sind nachvollziehbar. → Genitivattribut

   c) Ein <u>schlechtes</u> Gewissen spielt bei Altkleidersammlungen oft eine Rolle. → Adjektivattribut

   d) Noelle Konate, <u>eine Verbraucherin</u>, resigniert am Ende nicht. → Apposition

   e) Der Transport <u>der Kleidung</u> <u>nach Afrika</u> bringt Probleme mit sich. → Genitivattribut und Präpositionales Attribut

   f) Am beliebtesten sind Kleidungsstücke, <u>die Marken angehören</u>. → Attributsatz (Relativsatz)

   g) Die Kleiderkammern <u>des DRK</u> helfen <u>vielen</u> Bedürftigen. → Genitivattribut und Adjektivattribut

Übung 9

	Infinitivgruppe	Partizipgruppe	Satz
Vom Einkaufen berauscht, denken viele Menschen nicht an die Vergänglichkeit von Mode.	☐	☒	☐
Manche Menschen gehen in Secondhandläden, um beim Einkaufen Geld zu sparen.	☒	☐	☐
Einige Firmen verdienen viel Geld mit Altkleidern, indem sie diese gewinnbringend weiterverkaufen.	☐	☐	☒
Anstatt weniger Kleidung zu kaufen, gehen die Menschen immer öfter zum Einkaufen.	☒	☐	☐
Altkleider aus Deutschland werden häufig ins Ausland gebracht, wo sie der lokalen Textilindustrie Konkurrenz machen.	☐	☐	☒
Online-Shops erfreuen sich großer Beliebtheit, da sie es ermöglichen, bequem von zu Hause aus einzukaufen.	☒	☐	☐
Durch Freunde bekräftigt, wollen junge Leute den neuesten Modetrends folgen.	☐	☒	☐
Die Fast-Fashion-Bewegung schadet unserer Umwelt, da billig produzierte Kleidungsstücke häufig mit giftigen Chemikalien behandelt werden.	☐	☐	☒

Übung 10

1. a) „Doch nicht alle dienen karitativen **wohltätigen** Zwecken." (Z. 10/11)
   → Es gibt auch Altkleidercontainer, die aus **eigennützigen** Gründen aufgestellt wurden.

   b) „Manche Firmen wollen damit Profit **Gewinn** machen […]" (Z. 12)
   → Andere Firmen sind zumindest darauf bedacht, damit keinen **Verlust** zu machen.

   c) „[D]as Geschäft mit den alten Hosen und Sweatshirts ist lukrativ **lohnend/gewinnbringend**." (Z. 12/13)
   → Ganz im Gegensatz zu anderen Geschäften, die eher **unprofitabel/unrentabel/unwirtschaftlich/ertragsarm** sind.

2.

Wort	Denotation	Konnotation
Haus	Wohngebäude	*Schutz, Geborgenheit, Familie …*
Herz	*lebensnotwendiges Organ*	Liebe, Romantik, Verliebtsein …
Ratte	Nagetier	hinterhältige Person

Übung 11

1.

		Regel
a)	Je genauer sich Noelle Konate mit Altkleidercontainern beschäftigt**,** desto deutlicher wird ihr die Komplexität des Themas.	7
b)	Sie entsorgt einen Pullover**,** den sie schon lange nicht mehr getragen hat.	3
c)	Sie wirft den Pullover in den Container des Deutschen Roten Kreuzes**,** um ein besseres Gefühl beim Wegwerfen zu haben.	6
d)	Noelle hat sehr viele ungetragene Kleidungsstücke in ihrem Schrank**,** vor allem Pullover.	4
e)	Es ist ihr ein Bedürfnis**,** sich mit dem Thema auseinanderzusetzen.	6
f)	Mensch**,** warum ist auch immer alles so kompliziert?	5
g)	Sehr geehrte Damen und Herren des Deutschen Roten Kreuzes**,** ist der Altkleidercontainer in der Mörikestraße einer von Ihrer Organisation?	5
h)	Sie zeigt Bereitschaft**,** den Pullover frühzeitig auszusortieren.	6
i)	Noelle Konate**,** voller neuer guter Vorsätze**,** verzichtet schweren Herzens auf den Kauf eines neuen Pullovers.	4
j)	Noelle Konate hat den Gefallen an ihrem Pullover verloren**,** jedoch will sie ihn auch nicht einfach wegwerfen.	7
k)	Noelle Konate sortiert ihren Pullover aus**,** sie wirft ihn in einen Kleidercontainer des DRK.	2
l)	Das Deutsche Rote Kreuz**,** verschiedene Verwertungsfirmen**,** Großhändler und Besitzer von Secondhandläden verdienen an Kleidung aus Containern.	1

2. a) Das Internet ist hilfreich, um seriöse Container zu erkennen. **6**

   b) Einerseits möchte man gerne allen Modetrends folgen, andererseits will man kein Konsummonster sein. **7**

   c) Menschen, die umweltbewusst einkaufen, reduzieren automatisch ihren Konsum. **3**

   d) Kinder, lasst uns mehr über Nachhaltigkeit sprechen! **5**

   e) Frau Camps ist eine der vier Frauen, die drei- bis viermal die Woche ehrenamtlich in der Kleiderkammer helfen. **3**

   f) Durch die Einführung eines Importverbots von Altkleidern können chinesische T-Shirts, Pullover, Hosen oder Jacken den afrikanischen Markt überschwemmen. **1**

3. a) Mit dem Komma wird der Nebensatz vom Hauptsatz abgetrennt.

   b) Das Komma wird gesetzt, da eine nachgestellte Erläuterung folgt.

   c) Mit dem Komma wird die Infinitivgruppe abgetrennt.

   d) Durch die Kommas werden die Elemente der Aufzählung voneinander getrennt.

   e) Der Relativsatz wird durch zwei Kommas (am Anfang und Ende) eingeschlossen.

4. a) „Ich habe [den Pullover] geliebt, neun Monate lang, um ihn dann wie eine missglückte Romanze langsam auszublenden." (Z. 3–5)

   b) Noelle Konate berichtet: „Immer mehr illegale Container werden auf Privatgrundstücken aufgestellt." (Z. 11/12)

   c) Die Autorin erfährt: „Die Verwertungsfirmen, die die Kleidung ankaufen, sortieren sie nach Qualität. Etwa die Hälfte landet direkt im Müll oder wird zu Putzlappen und Dämmmaterial für die Autoindustrie verarbeitet." (Z. 38–40)

   d) „Ernüchtert stelle ich fest, dass mein Versuch […] nicht ganz geglückt ist." (Z. 60/61)

Übung 12

1. a) *Das* / ~~*Dass*~~ Entsorgen von Kleidung in Altkleidercontainern kann sich negativ auf die Textilwirtschaft in anderen Ländern auswirken.
   b) Viele wissen nicht, ~~*das*~~ / *dass* unsere gespendete Kleidung im Ausland weiterverkauft wird.
   c) Dadurch kann es dazu kommen, ~~*das*~~ / *dass* die lokale Textilindustrie zerstört wird und *das* / ~~*dass*~~ Wirtschaftswachstum im Land gebremst wird.
2. a) Viele **Kleidungsstücke** kann man mehrere Jahre lang tragen.
   b) Trotzdem gibt es Menschen, die ihren **Kleiderschrank** regelmäßig **aussortieren**.
   c) Die Tendenz geht dazu, dass die Leute ihre Kleidung **schnell entsorgen**, um wieder Platz im Schrank zu schaffen.
3. a) Das Adjektiv „gut“ wird hier als Nomen verwendet. Es wird also nominalisiert und deshalb großgeschrieben.
   b) Es handelt sich um einen Eigennamen. Deshalb müssen alle Wörter großgeschrieben werden.
   c) Nach dem Doppelpunkt beginnt ein vollständiger Satz. Am Satzanfang wird immer großgeschrieben.

Pflichtteil A 2: Lektüre

Übung 13

a) ☒ eine Stunde

b) ☒ 25

c) ☒ 250 Wörter

d) ☒ ein Rechtschreibwörterbuch
☒ dein Exemplar der Lektüre
☒ Randnotizen im eigenen Buch

Übung 14

a) Die Handlung beginnt …
☒ im Hof eines Penny-Marktes einer Stadt im Ruhrgebiet.

b) ☒ Sie wollen Maries Ex-Freund Jo finden, der vor Monaten verschwunden ist.

c) Zur Hinterhof-Gruppe gehören …
☒ Marie und ihr enger Freund Can.
☒ Otto und seine Ex-Freundin Vika.
☒ die Brüder Leroy und Marvin.
☒ Pavel, der „unser Pavel" genannt wird, und die Außenseiterin Lena.

d) Auf die Suche begeben sich zu Beginn …
☒ Lena, Can und Marie.

e) ☒ Lena besitzt als Einzige einen Führerschein.
☒ Lena hat ein eigenes Auto.

f) ☒ Anhand der Poststempel der Karten, die Jo Marie schrieb, können sie seinen bisherigen Weg nachvollziehen.
☒ Aufgrund der Poststempel nehmen sie an, dass Jo nach Süden reist.

g) Im Mittelpunkt steht …
☒ die Studentin Lena.

Übung 15

1.

	A	B	C	falsche Aussage
1	Im gemütlich eingerichteten Hinterhof des örtlichen Penny-Marktes treffen sich regelmäßig einige Jugendliche, von denen die meisten als Aushilfen im Discounter angestellt sind.	Der Hinterhof ist nicht nur ihr regelmäßiger Treffpunkt, sondern stellt auch eine Art Heimat für sie dar. Der neue Filialleiter ~~macht ihnen jedoch das Leben schwer~~ (lässt sie in Ruhe).	Marie und Can sind eng befreundet, Pavel und Otto sind beste Freunde. Ottos Ex-Freundin heißt Vika und seine neue Yasmin. Die Brüder Marvin und Leroy sind noch nicht lange Teil der Gruppe. Die Außenseiterin wird „Entenarsch“ genannt.	B
2	Entenarsch (= Ich-Erzählerin), Marie und Can machen sich gemeinsam auf den Weg, um den verschwundenen Jo zu suchen. Marie war Jos Freundin und hat ihn verlassen, kurz bevor er weggelaufen ist. Sie liebt ihn aber noch immer.	Obwohl Can und Marie vermutlich am liebsten allein auf die Suche gegangen wären, brauchen sie die Ich-Erzählerin, da nur sie einen Führerschein und ein Auto hat. Die Ich-Erzählerin weigert sich, über die Autobahn zu fahren.	Auch wenn es der Ich-Erzählerin naheliegend erscheint, gleich Jos letzten Aufenthaltsort (laut Poststempel) anzusteuern, besteht Marie darauf, zunächst nach Münster zu Jos ~~Vater~~ (Mutter) zu fahren.	C

3	In Münster fragen die Jugendlichen die Penny-Aushilfe Matthes, ob sie bei ihm übernachten können. Mit ihm und seinen Freunden feiern sie eine Party am See. Entenarsch erinnert sich an die Situation, als Jo ihr den Spitznamen gegeben hat. Marie erzählt von Jos Selbstverletzungen mit dem Feuerzeug.	Als die Jugendlichen am Folgetag Jos Mutter nach dessen Aufenthaltsort fragen, weiß diese nichts darüber. Marie wirft Jos Mutter vor, dass sie den damals ~~6-jährigen~~ (12-jährigen) Jo sehr verletzt hat, als sie die Familie verlassen hat. Marie bricht das Gespräch wütend ab und Can folgt ihr kurz darauf nach draußen.	Jos Mutter erzählt der Ich-Erzählerin ihre Version der Geschichte und warum sie die Familie verlassen hat. Sie berichtet von ihrer Reue und davon, wie sehr Jo früher die Nordsee-Urlaube geliebt hat. Die Ich-Erzählerin erfährt auch, dass Urs Behrenberg, ein Freund aus Jos Kindheit, inzwischen in Fulda wohnt.	**B**
4	Weil sie durch einen Umweg über Paderborn erst spät in Fulda ankommen, hat der Penny-Markt schon geschlossen, sodass sie die dortige Aushilfe nicht nach einem Schlafplatz fragen können und im Auto übernachten müssen. Dank ~~Vikas~~ (Pavels) Recherche finden sie Urs' Adresse heraus.	Durch ein sehr persönliches Gespräch, z. B. über Cans verstorbenen Bruder, entwickelt sich zwischen der Ich-Erzählerin und Can Nähe. Von Urs erfahren die drei, dass Jo vor einer Weile bei ihm war und in einer Postkarte auf ein bald bevorstehendes Musikfestival hingewiesen hat.	Gemeinsam mit Urs besuchen die drei Jugendlichen eine wilde Party bei Urs' Kumpel Bjarne. Nach intensiven Aufräumarbeiten fahren Can, Marie und Entenarsch am übernächsten Tag wieder nach Hause. Trotz der gemeinsamen Erlebnisse fühlt sich die Ich-Erzählerin weiterhin wie eine Außenseiterin in der Hinterhof-Gruppe.	**A**

5	Als die Ich-Erzählerin nach ein paar Tagen mit den anderen zum Musikfestival, auf dem Jo vermutet wird, aufbrechen will, stellt sie fest, dass Leroy und Pavel offenbar ein Paar sind und Vika mit Fine auch bei ihr im Corsa mitfahren will. Die Ich-Erzählerin spürt immer deutlicher, dass sie in Can verliebt ist. Unterwegs erzählt sie Vika, dass sie ihr Lehramtsstudium abbrechen will.	Kurz vor dem Festivalgelände geht der Corsa kaputt, sodass sie das letzte Stück laufen müssen. Auf dem Festival tritt auch die Band „Blümchenschlüpper", in der Otto mitspielt, auf. Im Laufe des Festivals wird bekannt, dass sich die Ich-Erzählerin und Can nach der Party in Münster nähergekommen sind. Angeblich ist es aber nichts Ernstes gewesen.	Jo ist nicht auf dem Festival, was Marie sehr frustriert und wütend macht. Die Ich-Erzählerin beichtet Marie daraufhin, dass sie ihr absichtlich so schnell von ~~Ottos~~ (Jos) Untreue erzählt hat, um ihm zuvorzukommen und sich damit für den verletzenden Spitznamen zu rächen. Sie entschuldigt sich bei Marie dafür, aber diese reagiert abweisend.	C
6	Die Hinterhof-Gruppe weiß inzwischen, was die Ich-Erzählerin getan hat, um sich an Jo zu rächen. Die Gruppe will nun gemeinsam weiter nach ihm suchen. Tiger bietet ihnen an, das Wohnmobil der Band zur Weiterfahrt zu nutzen. Die Ich-Erzählerin ist die Einzige, die es fahren kann, weshalb auch sie wieder dabei ist.	Die Jugendlichen fahren gemeinsam nach Ulm, wo sie Jos Freund Fünfzehn Cent suchen wollen. Nachdem sie ihn gefunden haben, erzählt er ihnen, dass Jo bis vor zwei Wochen noch bei ihm war, er aber nur gesagt hat, dass er ans Meer will. Die Gruppe ist sich uneinig, an welches Meer Jo vermutlich gereist ist.	Marie ist sich sicher, dass Jo Richtung Süden ans Mittelmeer will. Die Ich-Erzählerin ist aber felsenfest davon überzeugt, dass Jo an der Nordsee ist. Sie fasst daher den Entschluss, ihrer inneren Stimme zu folgen und allein mit dem Wohnmobil über die ~~Landstraße~~ (Autobahn) an die Nordsee zu fahren.	C

7	Die Ich-Erzählerin findet Jo tatsächlich an der Nordsee. Er scheint von ihrem Auftauchen ~~vollkommen~~ (nicht) überrascht zu sein. Sie bemerkt, dass um seine Hände keine Mullbinden, die Zeichen für seine Selbstverletzungen waren, mehr gewickelt sind. Ihm geht es daher wahrscheinlich gut.	Sie berichtet ihm von der abenteuerlichen Suche nach ihm und beichtet ihm, was sie damals getan hat und was der wahre Grund dafür war, dass sich Marie von ihm getrennt hat. Sie sagt ihm aber auch, dass Marie ihn noch immer liebt.	Die Ich-Erzählerin bringt ihr unschönes Verhalten Marie und Jo gegenüber mit dem Namen „Entenarsch“ in Verbindung und will sowohl das Verhalten als auch den Namen ablegen. Sie sagt Jo daher direkt, dass er sie nie wieder so nennen soll.	**A**
8	Die Ich-Erzählerin kehrt ohne Jo mit dem Wohnmobil in den Hinterhof zurück.	Dort entdeckt sie, dass sie 83 neue Nachrichten auf dem Handy hat.	Die letzte Nachricht stammt von ~~Pavel~~ (Can), der sie in der Hinterhof-Gruppe mit Lena anspricht und sein ernsthaftes Interesse an ihr bekundet.	**C**

2.

4	Die drei Jugendlichen finden Urs in Fulda und feiern mit ihm eine wilde Party. Er berichtet ihnen von einem Musikfestival, zu dem auch Jo kommen könnte.

7	Mit dem Wohnmobil der Blümchenschlüpper fährt die Hinterhof-Clique nach Ulm, wo Fünfzehn Cent ihnen verrät, dass Jo bei ihm war und ans Meer wollte.

2	In Münster organisiert Can bei der Penny-Aushilfe Matthes einen Schlafplatz. In der Nacht küssen sich Lena und Can, ohne dass Marie es mitbekommt.

6	Lena beichtet Marie (und dann auch den anderen aus der Gruppe), dass sie Marie Jos Fremdgehen aus Ärger über den Spitznamen „Entenarsch“ verraten hat.

1	Die Hinterhof-Gruppe trifft sich, um Maries bestandenen Realschulabschluss im Penny-Hinterhof zu feiern. An dem Tag beschließt Marie, nach Jo zu suchen.

8	Außer Lena glaubt niemand, dass Jo an der Nordsee ist. Sie fährt daher allein dorthin und findet ihn auch. Can schreibt in die Chatgruppe, dass er Lena vermisst.

3	Die drei Jugendlichen besuchen Jos Mutter in Münster. Diese nennt ihnen den Namen von Jos Schulfreund Urs Behrenberg, der inzwischen in Fulda wohnt.

5	Die drei kehren für ein paar Tage nach Hause zurück. Dann fährt Lena mit Marie, Can, Vika und Fine auf das Festival. Jo taucht dort aber nicht auf.

3.

	Erste Fahrt	**Zweite Fahrt**	**Dritte Fahrt**	**Vierte Fahrt**
Start	*Hinterhof Penny-Markt*	Hinterhof Penny-Markt	*FWWF*	Ulm
Etappen auf der Fahrt	• Münster (Jos Mutter) • *Paderborn (Dreihasenfenster)* • *Penny-Markt in Künzell*	• *an einer Bushaltestelle irgendwo bei Biedenkopf hinter Bad Laasphe*	• Parkplatz des Baumarktes in Ulm	*keine bekannt*
Ziel bzw. letzte Etappe	*Fulda (zu Urs Behrenberg)*	FWWF (Feld-, Wald-, Wiesen-Festival), 20 Minuten von Fulda entfernt	Ulm (zu Fünfzehn Cent)	Nordsee *(und zurück zum Hinterhof)*

<table>
<tr><td>Mitfahrer*innen</td><td>• Can
• Marie
• Lena</td><td>• Can
• Marie
• Lena
• Vika
• Fine</td><td>• Can
• Marie
• Lena
• Vika
• Fine
• Pavel
• Marvin
• Otto
• Yasmin</td><td>• Lena</td></tr>
<tr><td>Fahrzeug</td><td>Corsa</td><td>Corsa</td><td>Wohnmobil</td><td>Wohnmobil</td></tr>
<tr><td>Personen, die sie unterwegs treffen</td><td>• Achmad (Cans Freund)
• Matthes (Penny-Aushilfe)
• Dori (Matthes’ Freundin)
• Jos Mutter
• Inga (Bäckereiverkäuferin)
• Urs’ Schwester
• Urs
• Bjarne (Urs’ Freund)</td><td>• Inge (alte Frau an der Bushaltestelle)
• zwei Männer von der Security
• Bandmitglieder der Blümchenschlüpper (Püppi, Hasi, Lämmchen, Schnecke, Otto)
• Tiger (Püppis Frau)
• Marvin
• Pavel
• Yasmin</td><td>• Sebastian aus Ulm (früher „Rasta-Basta“ genannt)</td><td>• Jo</td></tr>
</table>

Informationen, die sie über Jo erhalten, und von wem sie jeweils stammen	*Jos Mutter:* • Jo liebt die Nordsee Urs Behrenberg: • Jo war vor Monaten bei ihm • Jo berichtet von einem Festival (FWWF) → *Annahme: Jo kommt auch zum Festival*	Jos Mutter: • Jos anderer Freund wird „Fünfzehn Cent“ genannt und wohnt in Ulm	Fünfzehn Cent: • Jo war vor Kurzem bei ihm in Ulm • Jo wollte weiter ans Meer	*Lenas Beobachtung/ Annahme:* • *Jo geht es gut* Jo selbst: • Jo wohnt bei Fünfzehn Cents Onkel
Übernachtungsort(e)	• *in Matthes' Wohnung* • im Auto • bei Bjarne (Party)	• im Wohnmobil bzw. Tourbus der Blümchenschlüpper	• im Wohnmobil bzw. Tourbus der Blümchenschlüpper	*nicht bekannt, aber vermutlich im Wohnmobil bzw. Tourbus der Blümchenschlüpper*
Besondere Vorkommnisse	• Party/ Grillen am See und Übernachtung bei Matthes *(erste Annäherung von Can und Lena)* • wilde Party bei Bjarne	• der Corsa geht kaputt • *Can darf zunächst nicht aufs Festivalgelände* • *Can gibt zu, dass er und Lena etwas miteinander hatten*	• Marie geht Lena aus dem Weg bzw. spricht nicht mehr mit ihr	• *Lena fährt Autobahn* • Lena beichtet Jo ihr Vergehen • *„Entenarsch“ verschwindet*

		• *Lena beichtet,* warum sie Marie von Jos Untreue erzählt hat		

Übung 16

1.

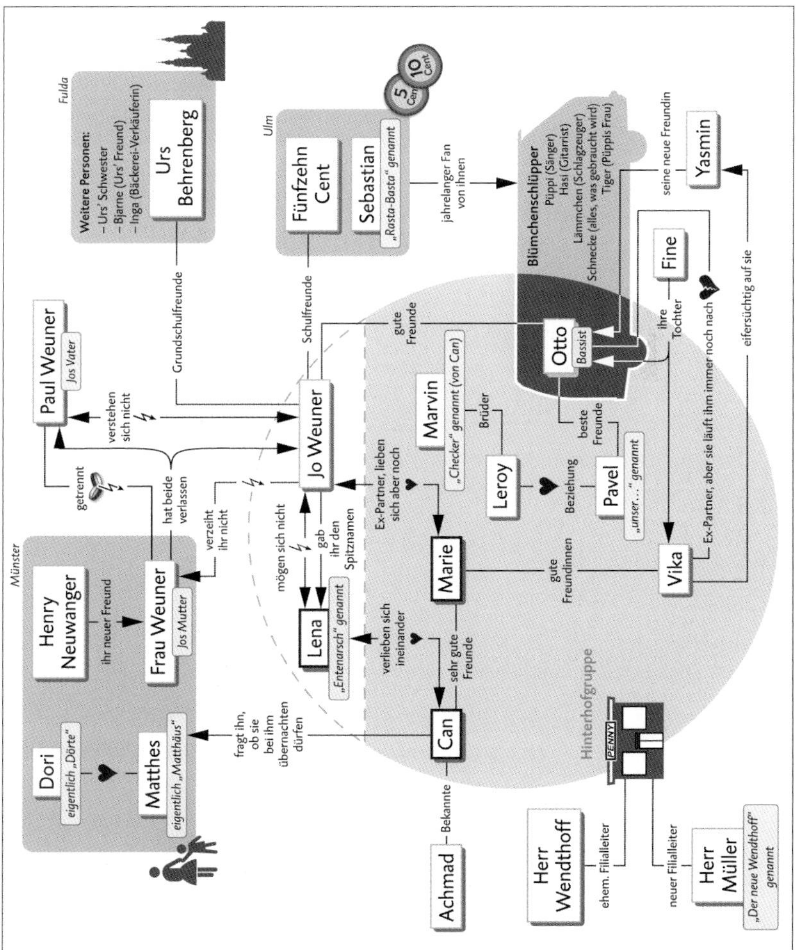

2.

Figur	Aussage(n) über die Figur
Marie	• „Niemand kann eine Jogginghose mit Eleganz tragen. Niemand, außer […].“ (S. 9) • „Wenn Menschlichkeit ein Gesicht hat, dann soll sie bitte so aussehen wie […]. Ein Gesicht, das keine Schminke braucht, weil es nichts zu verbergen hat. Dabei ist […] keine Heilige.“ (S. 10)
Marvin	• „Er ist erst dreizehn und der Jüngste von uns.“ (S. 14)
Can	• „In dieser Hinsicht ist auf […] Verlass. […] findet selbst im tiefsten Winter und in der tiefsten Dunkelheit die Playtaste.“ (S. 19)
Pavel, genannt „unser Pavel“	• „Manchmal könnte ich ihm ins Gesicht schlagen. Mitten ins Gesicht, weil er seinen Namen behalten durfte. Trotz Brille, fettiger Haare und unreiner Haut. […] ist achtzehn Jahre alt, aber seine Haut denkt immer noch, er sei mitten in der Pubertät. Wäre unser […] ein Mädchen, dann hätte er es verdammt schwer. Aber bei Jungs zählen plötzlich die inneren Werte, und in dieser Hinsicht ist […] rasend schön.“ (S. 12)
Vika	• „‚Und den Speck hier, den bekomme ich auch nicht weg‘, jammert […] weiter und greift sich in die Seite. Dann beugt sie sich näher zu Marie und flüstert: ‚Deswegen steht Otto nicht mehr auf mich. Ich bin ihm zu fett.‘“ (S. 11)
Otto	• „[…] ist Bassist in einer Band, die ‚Blümchenschlüpper‘ heißt. Er arbeitet beim Penny, aber nie am Wochenende. Dann reisen sie durchs Land, […] und seine Band.“ (S. 12) • „Zu […] gehören seine roten Chucks, Hosen mit Nadelstreifen und weiße Hemden.“ (S. 12)
Leroy	• „Im Hinterhof gibt es kaum Regeln. Will ein Mensch dazugehören, dann muss er im Hinterhof abhängen. Das ist die erste Regel. Und die zweite lautet: Klau nicht im eigenen Penny-Markt. […] schert sich nicht um Regeln. Er wird nicht lange bleiben.“ (S. 20)

Yasmin	• „Seine Hand liegt auf [...] Oberschenkel, und er streichelt mit dem Daumen sanft über den schwarzen Jeansstoff. Das Streicheln erzählt, dass sie bereits zusammen im Bett gewesen sind, Otto und [...]. Und das versteht auch Vika.“ (S. 18)
Jo	• „Er wurde nicht entführt, er wurde nicht verschleppt, er ist einfach abgehauen.“ (S. 22) • „Ich habe [...] nicht vermisst, keine einzige Sekunde. Aber ich weiß, dass nur ich so empfinde, hier auf dem Hinterhof. Natürlich weiß ich das.“ (S. 23) • „Er ist sechzehn Jahre alt, seit einem halben Jahr verschwunden, er trägt Baseballcaps und ist zwei Zentimeter kleiner als Marie, damit hat sie ihn immer aufgezogen, als alles noch gut war zwischen ihnen.“ (S. 29) • „[...] ist die erste Person gewesen, die mich Entenarsch genannt hat.“ (S. 29)
Achmad	• „Der Fahrer steigt aus, ein junger Typ mit weit ausgeschnittenem T-Shirt und ausgeprägter Brustmuskulatur, und nähert sich meinem Corsa.“ (S. 34)
Matthäus, genannt „Matthes“	• „Es ist nicht Jo, und ich bin erleichtert. Er ist größer als er und einige Jahre älter und mindestens dreißig Kilo schwerer und Bartträger.“ (S. 46)
Jos Mutter	• „In der Wohnungstür steht eine schlanke Frau, vielleicht Ende dreißig und einen halben Kopf kleiner als Marie. Sie schaut uns an mit einem leicht mürrischen Blick, und den Blick, den kenne ich, den habe ich schon oft gesehen, im Penny-Markt, bei den Gemüsekonserven.“ (S. 64) • „Die grünen Augen hat Jo definitiv von ihr geerbt.“ (S. 68)
Urs Behrenberg	• „[...] hat braune Locken, wie seine Schwester, aber auf seinem T-Shirt steht kein Spruch, sein T-Shirt ist einfach nur grün. Wahrscheinlich ist er so alt wie Jo und Marie, sechzehn oder siebzehn, aber er hat noch richtige Kinderbeine, so Stelzen mit hellen Haaren und blauen Flecken. Und auf seine Nase haben sich ein paar Sommersprossen verirrt.“ (S. 99)

Fünfzehn Cent	• „Sie erinnert sich wieder daran, dass der Schulfreund von Jo, also nicht Urs, sondern der andere, nach Ulm gezogen ist. [...] wurde der Junge immer genannt. Seine Eltern besaßen ein Büdchen, und seine Freunde durften sich für fünfzehn Cent Süßkram aussuchen, wenn sie ihn besuchten. Sein richtiger Name fällt ihr nicht mehr ein." (S. 118/119) • „Als er wieder auf zwei Beinen steht, zieht er seine Hose hoch, schon seltsam, dass übergewichtige Menschen ständig Hosen tragen, die zu groß sind, er kommt mit ausgestreckter Hand auf uns zu und lächelt uns an, und das ist wahrscheinlich das hübscheste Lächeln, das ich je gesehen habe, da kommt selbst Can mit seinen Grübchen nicht mit, das Lächeln wandert von den geraden Zähnen über das ganze Gesicht, bis es in den Augen landet, die wie Goldmünzen in der Sonne funkeln." (S. 204)
Tiger	• „Genau. Ich fahre Krankenwagen. Und manchmal sogar mit Blaulicht." (S. 154)
Herr Müller	• „Der neue Wendthoff ist die Sache schlauer angegangen. Der neue Wendthoff heißt eigentlich [...], aber das interessiert hier niemanden." (S. 8)

Übung 17

1. a) *Leseauftrag*

   b) *Folgendes könntest du ergänzt haben:*

   - „Es ist immer seltsam, wenn über einen in der dritten Person gesprochen wird, obwohl man anwesend ist. Das macht klein, da hat man gar keine Chance. Aber ich kann das verstehen. Ich fühle mich gerade auch eher wie eine dritte Person und weniger wie ich.
     ‚Marie, die ist doch wirklich –'
     ‚Can, wir haben das besprochen.'" (S. 32)
   - „Bin nicht in der Hinterhof-Gruppe." (S. 49)
   - „Ich stehe immer noch in der Einfahrt. Unser Pavel hebt die Hand und ruft: ‚Hey, Entenarsch.' Als wären wir nie weg gewesen. Ich ziehe mir das Lady-Gaga-Shirt über den Hintern. Will ein Mensch

dazugehören, dann muss er im Hinterhof abhängen. Aber es gibt Momente, da merkt man, dass das nicht reicht. Ich merke das. Ich stehe hier in der Einfahrt und merke, dass das nicht reicht." (S. 110/111)

- „‚Ich geh dann mal nach Hause', sage ich und gehe, und keiner hält mich auf. Ich habe mich selber ausgewechselt. In meiner Wohnung ziehe ich mir die Badekappe über. Und dann fange ich an zu heulen." (S. 112)
- „Du hast ewig auf dem Hinterhof abgehangen, obwohl dich keiner so richtig mochte. Das habe ich nie verstanden." (S. 187)

c) *Mögliche Lösungen (nur drei erforderlich):*

- Den anderen Cliquen-Mitgliedern ist es offenbar egal, ob Lena an- oder abwesend ist. Sie reagieren teilweise nicht einmal, wenn sie in den Hinterhof kommt (vgl. S. 9) oder ihn verlässt (vgl. S. 112).
- Die Art und Weise, wie Can und Marie zu Beginn der Reise im Auto über sie in der dritten Person sprechen, zeigt ihr, dass man sie nur wegen ihres Autos und Führerscheins überhaupt mitgenommen hat (vgl. S. 32).
- Die Ich-Erzählerin ist offenbar als Einzige nicht in der Messenger-Gruppe des Hinterhofs und ist daher von den Informationen und dem Austausch untereinander ausgeschlossen (vgl. S. 49).
- Zudem merkt sie, dass man sich weder über ihre Rückkehr in den Hinterhof freut noch sie in die weitere Planung einbezieht (vgl. S. 110–113). Sie ist nur die Fahrerin, weil es keine Alternative gibt.
- Auf dem Festival sagt ihr Marie sogar, dass sie nicht verstanden hat, warum Lena immer im Hinterhof rumgehangen hat, obwohl sie keiner so richtig mochte (vgl. S. 187).

2. a) *So könnten deine Gedanken lauten:*

- Lena hat von Vika, Leroy und Marvin vermutlich eine eher negative Meinung. Marie und Can findet sie hingegen gut.
- Lena beschreibt am Anfang der Handlung alle Gruppenmitglieder. Schon dort wird klar, wen sie z. B. für oberflächlich oder kriminell hält.
- Lena ist beispielsweise positiv von Vika überrascht, als diese miteinander über Lenas Gedanken zum Studienabbruch sprechen.

b) ☒ Lena glaubt, dass Can eigentlich in Marie verliebt ist und er daher vermutlich froh ist, dass Jo weg ist.

☒ Lena hält Vika für eine schlechte Mutter und Versagerin und schaut demzufolge auf Vika herab und fühlt sich wie etwas Besseres.

☒ Lena hält Otto für einen Fremdgänger.

c) *Mögliche Lösungen (nur zwei erforderlich):*

- Lena hat das Gefühl, dass Can insgeheim in Marie verliebt ist. Er tut nämlich alles, um Marie zu helfen und beizustehen. Im Laufe der Reise wird jedoch klar, dass beide zwar sehr enge Freunde, aber nicht ineinander verliebt sind. Can verhält sich eher wie Maries „beste Freundin“ (vgl. S. 73) und Marie äußert sich ganz ohne Eifersucht über Cans Affären oder Beziehungen (vgl. S. 58).
- Lena hat eine schlechte Meinung von Vika. Sie betont mehrfach, dass diese ein Praktikum nach dem anderen macht und beruflich wenig Erfolg hat. Zudem hält sie Vika für eine schlechte Mutter, die ihr Kind zur eigenen Mutter abschiebt (vgl. S. 11). Am Ende muss sie erkennen, dass Vika sich gut um ihr Kind kümmert, z. B. auf dem Festival, und dass sie selbst mit ihrem abgebrochenen Studium keinen Deut besser dasteht als Vika (vgl. S. 131/132).
- Lena hält Otto für eine Person, die schon oft fremdgegangen ist und deshalb seinem Freund Jo rät, dessen Fremdgehen auch zu beichten. Das jedenfalls glaubt die Ich-Erzählerin aus dem Gespräch zwischen Otto und Jo herausgehört zu haben. Allerdings stellt sich später heraus, dass nicht Otto, sondern Vika mehrfach fremdgegangen ist (vgl. S. 163).

3. a) *So könnten die Antworten lauten:*

- Lena kommentiert Cans Aussage, dass er im nächsten Jahr Abitur machen wird. Sie weist darauf hin, dass er dies im zweiten Anlauf macht, also schon einmal durchgefallen ist.
- Lena äußert sich z. B. negativ über die Unordnung in Matthes' Wohnung und sagt nichts Positives über seine unverhoffte Gastfreundschaft: „‚Matthes, du muss echt mal spülen‘, motze ich, als ich mir ein Glas vom Küchenblock nehme und darin eine klebrige Masse entdecke, auf der sich Schimmel gebildet hat. ‚Und meine Nase ist komplett zu, bestimmt von dem ganzen Staub hier.‘“ (S. 59/60)

Außerdem fragt sie Can, ob seine Eltern es besser gefunden hätten, wenn er und nicht sein älterer Bruder gestorben wäre (vgl. S. 97).

- Wenn jemand sprichwörtlich den Finger in die Wunde legt, spricht er etwas an, was dem anderen wehtut. Man erwähnt z. B. (mit Absicht) Unangenehmes, Schmerzhaftes oder Peinliches.

b) Can meint damit vermutlich, dass Lena immer genau weiß, was die **Schwachstelle**, also die Wunde, einer Person ist. Zielsicher spricht sie dann genau diese **Themen** an. Offenbar macht Lena es öfter so, dass sie etwas ausspricht, was den anderen **kränkt**. Dabei macht es keinen Unterschied, dass sie mit ihrer Aussage sogar die **Wahrheit** sagt. Es stimmt, dass Can das Abitur beim ersten Versuch nicht bestanden hat, sie hätte es aber an dieser Stelle nicht extra **erwähnen** müssen, da die anderen es ja auch wissen. Es klingt bei ihr offenbar immer wie eine Bevormundung oder **Kränkung**. Durch ihre Bemerkungen fühlen sich die anderen einerseits **kritisiert** und andererseits klingt es so, als würde sich Lena für etwas **Besseres** halten.

4. a) *Folgendes könntest du ergänzt haben:*

- Can und Lena küssen sich im angetrunkenen Zustand in der Badewanne von Matthes' Wohnung (vgl. S. 166). Am nächsten Morgen verliert darüber aber keiner mehr ein Wort. Es wirkt daher so, als könnte sich Can vielleicht gar nicht mehr daran erinnern oder als hätte es keine Bedeutung für ihn.
- Als Marvin Lena indirekt beleidigt und „Ich dachte, keine Tiere" (S. 166) sagt, verteidigt Can sie nicht und gibt auch nicht offen zu, dass er sie mag.
- Als herauskommt, dass Can und Lena sich geküsst haben, fragt Can gleich Marie, ob sie jetzt sauer sei („ ‚Biste jetzt sauer?', fragt Can, logisch, dass er Marie das fragen muss, weil Marie nicht mehr seinen Hinterkopf krault.", S. 166). Das wirkt nicht so, als hätte Can echte Gefühle für Lena. Es liegt eher die Vermutung nahe, dass er in Marie verliebt ist, da er es ihr recht machen will und darauf bedacht ist, sie nicht zu verärgern.
- Als das mit dem Kuss zwischen Can und Lena herauskommt, sagt Can: „Ist so passiert" (S. 167) und „Scheiße … hatten halt Spaß." (S. 167). Beides klingt nicht nach einem ernsthaften Interesse an Lena.

b) *So könnte die Antwort lauten:*
Lena hat bis zur letzten Handy-Nachricht von Can gute Gründe, nicht daran zu glauben, dass aus ihr und Can ein Paar werden könnte. Sie merkt zwar immer deutlicher, dass sie selbst Gefühle für ihn entwickelt hat, bekommt von ihm aber keine eindeutigen Signale.
Ein Grund, der gegen eine Chance bei Can spricht, ist, dass Lena beobachten kann, dass Can viel für Marie empfindet und es ihr immer recht machen will. Er achtet sehr darauf, dass es ihr gut geht und er sie nicht verärgert (vgl. S. 166). Das lässt für Lena den Rückschluss zu, dass Can eigentlich doch in Marie verliebt ist.
Ein weiterer Grund ist, dass Can offenbar ein Weiberheld ist und sehr viele wechselnde Affären zu haben scheint. Marie bestätigt dies, indem sie sich nicht verwundert zeigt, dass Can in Münster bei der Party am See nur deshalb nicht mit einem Mädchen schläft, weil er kein Kondom dabei hat (vgl. S. 58).
Ein dritter gut nachvollziehbarer Grund ist, dass Can Lena zwar im betrunkenen Zustand küsst, er aber am nächsten Tag und auch später kein Wort darüber verliert. Das bestätigt Lena in der Annahme, dass sie Can in Wirklichkeit nichts bedeutet und er sie im nüchternen Zustand nicht geküsst hätte. Als es dann später herauskommt, spielt er den Vorfall herunter und tut ihn mit den Worten „Ist so passiert“ (S. 167) einfach ab.

5. a) *individuelle Lösung*

b) *So könnte die Stellungnahme lauten:*
Ich bin der Meinung, dass es gar nicht so schlimm war, was Lena gemacht hat. Natürlich waren die Beweggründe für ihr Handeln nicht sehr ehrenhaft, aber immerhin hat sie weder gelogen noch übertrieben. Jo ist hingegen derjenige, der Marie betrogen hat, und offenbar hätte er Marie seinen Betrug auch früher oder später selbst gebeichtet. Das heißt, dass Marie auf jeden Fall davon erfahren hätte. So hat Marie es statt von Jo nun eben von Lena gehört, die es „petzte“, um sich am unfreundlichen Jo für den Namen „Entenarsch“ zu rächen. Deshalb ist Lena meiner Meinung nach auch nicht dazu verpflichtet, den anderen die Geschichte hinter dem X zu erzählen. Sie müssen nicht unbedingt wissen, dass sie Jo und Otto belauscht hat und dann die Gelegenheit ergriffen hat, um sich an Jo zu rächen. Die anderen sind ohnehin nicht sonderlich gut auf sie zu sprechen. Durch eine Beichte würde Lena außerdem indirekt zum

Ausdruck bringen, dass sie an Jos Flucht und auch daran, dass Marie mit ihm Schluss gemacht hat, Schuld ist. Das ist aber keineswegs sicher, denn vielleicht wäre alles auch genauso gekommen, wenn Lena sich nicht eingemischt hätte.

Übung 18

1. **Text 1:**
   a) Es handelt sich um einen inneren Monolog oder Monolog. Das ist z. B. daran zu erkennen, dass der Textauszug wie ein Selbstgespräch, also eine Gedankenrede, klingt.

   b) Der (innere) Monolog stammt von Can.

   c) Der Text ist an der Stelle verortet, an der Can, Marie und Lena gemeinsam nach Münster fahren und Lena sich in einem bissigen Kommentar darüber lustig macht, dass Can die Abiturprüfung nicht beim ersten Mal bestanden hat: „‚Jetzt mal ohne Scheiß, wie bist du bloß an diesen Führerschein gekommen?‘, fragt Can und gibt Marie ihr Smartphone zurück. ‚Keine Ahnung. So wie du an deine Abizulassung‘, doch da höre ich es wieder knurren, ‚und der Prüfer ist ein Kumpel von meinem Onkel. Das hat geholfen, schätze ich‘, schiebe ich deshalb schnell hinterher.“ (S. 43)

   Text 2:

   a) Es handelt sich um einen Brief. Erkennbar ist das an der Anrede, der Grußformel und daran, dass der Text eine eindeutige Adressatin, nämlich Marie, hat.

   b) Jo schreibt einen Brief an Marie.

   c) Der Brief ist nach der Textstelle verortet, in der Jo von Lena erfahren hat, dass er noch Chancen bei Marie hat: „‚Sie will mich wirklich noch sehen?‘ ‚Sie will, dass du sie zuerst siehst.‘ Ich hole eine Erbsendose aus meiner Tasche und drücke sie Jo in die Hand. Mehr bleibt mir nicht zu sagen oder zu tun. Es ist wieder Jos und Maries Geschichte, nicht meine.“ (S. 219)

Text 3:

a) Es handelt sich um einen Dialog bzw. ein (Telefon-)Gespräch. Erkennbar ist das z. B. an den vorangestellten Namen mit dem Doppelpunkt und den Regieanweisungen.

b) Lena und Frau Weuner (Jos Mutter) unterhalten sich am Telefon.

c) Das Gespräch muss stattgefunden haben, nachdem Lena Jo gefunden hat, dieser sich aber dagegen entschieden hat, mit ihr nach Hause zurückzukehren: „Ich treffe Jo bei der Eisdiele. Er hat keine Tasche dabei und keinen Rucksack. ‚Ich kann nicht zurück', sagt er, ‚noch nicht', und ich versuche nicht, ihn zu überreden." (S. 220)

Text 4:

a) Es handelt sich um einen Tagebucheintrag oder evtl. einen inneren Monolog, weil die Verfasserin mit sich selbst spricht und ihre Gedanken wiedergegeben werden. Da die Sätze überwiegend vollständig ausformuliert wurden und nicht abbrechen, ist der Text wahrscheinlich eher ein Auszug aus einem Tagebucheintrag.

b) Der Tagebucheintrag (oder innere Monolog) ist aus Lenas Sicht verfasst.

c) Der Text ist nach dem Zusammentreffen mit Jo verortet, denn sie lässt darin das Treffen mit ihm Revue passieren und kommentiert das Geschehene rückblickend: „Als ich ihm alles gesagt habe, atmet Jo tief durch, er steckt seine Hände in die Hosentaschen, steht auf und geht über den Deich davon. Ich bleibe sitzen [...]. Ich habe keine Ahnung, wie lange ich alleine auf der Bank gesessen habe [...]." (S. 218/219)

2. *So könnte der Brief lauten:*

Liebe Frau Weuner,

nachdem wir uns neulich in Münster kennengelernt haben und sie uns mit vielen guten Tipps bei der Suche nach Jo helfen konnten, möchte ich Ihnen natürlich auch berichten, wie unsere Suche ausgegangen ist. Sicher haben Sie sich jede Menge Sorgen gemacht.

Es war Marie, Jos Freundin, die die Idee hatte, zuerst zu Ihnen zu fahren. Das hat sich am Ende als völlig richtig herausgestellt. Ohne Ihre Hinweise hätten wir Jo nicht finden können. Zuerst waren wir bei Urs Behrenberg in Fulda, wo Jo vor Monaten auch tatsächlich gewesen ist. Urs wusste aber nicht, wo Jo anschließend hinwollte. Danach vermuteten wir ihn auf einem Festival, von dem er Urs in einer Postkarte berichtet hatte. Aber auch dort hatten wir kein Glück. Aufgrund Ihres Hinweises sind wir dann nach Ulm zu Jos Freund Fünfzehn Cent gefahren. Dort war Jo auch wirklich kurz zuvor. Von Fünfzehn Cent erfuhren wir nur, dass Jo ans Meer wollte. Und obwohl die anderen alle dafür waren, weiter nach Süden ans Mittelmeer zu fahren, war ich mir plötzlich sicher, dass er mit „Meer" die Nordsee gemeint hat.

Sie hatten mir von seiner glücklichen Zeit dort erzählt und anhand der Fotos, die Sie mir gezeigt hatten, konnte ich den richtigen Ort und Jo ausfindig machen. Es geht ihm gut. Er wohnt beim Großonkel von Fünfzehn Cent und arbeitet in der Eisdiele, in der er früher selbst so gerne war. Er wollte offenbar an den Ort zurück, wo er früher so glücklich war. Vielleicht hofft er, dort das verlorene Glück wiederzufinden. Bisher ist er noch nicht von dort zurück, aber ich bin mir sicher, dass er zurückkommen wird, jetzt wo er weiß, dass wir ihn alle gesucht haben und dass Marie ihn noch liebt. Möglicherweise ist er jetzt auch bereit für einen Neuanfang. Dafür ist es ja nie zu spät. Vielleicht wollen Sie sich bei ihm melden, ihm schreiben. Auf jeden Fall wollte ich Ihnen das sagen, also dass er wieder da ist.

Herzliche Grüße

Lena (329 Wörter)

3. *So könnte der Brief lauten:*

Hey Jo, du alte Eistüte!

Du scheinst der meistgesuchte Typ da oben in der Gegend zu sein. Da du so ganz und gar handylos unterwegs bist, bleibt mir wohl nichts anderes übrig, als dir einen Brief zu schreiben. Frag mich nicht, wann ich das das letzte Mal gemacht habe!

Hier in Ulm war heute jedenfalls eine ganze Horde an Leuten, die auf der Suche nach dir war und das offenbar schon länger. Ein Pavel und ein Otto tauchten plötzlich bei uns vor dem Laden auf und haben Oma ein Foto von uns beiden unter die Nase gehalten. Natürlich hat sie gleich ausgeplaudert, dass sie dich kennt. Auf dem Parkplatz vor dem Baumarkt habe ich dann die ganze Truppe getroffen. Sie waren mit einem Wohnmobil auf großer Fahrt. Deine Marie war auch dabei. Dass du bei uns warst und all den Kram, habe ich dann auch wahrheitsgemäß erzählt. Danach wurde es ein bisschen brenzlig, weil sie natürlich wissen wollten, wo du jetzt bist. Aber du wolltest ja nicht, dass ich deinen Aufenthaltsort verrate. Ich habe es dir schließlich versprochen. Ich musste ihnen dann ein paar Lügen auftischen, sogar eine Suchaktion im Internet habe ich zur Ablenkung vorgeschlagen. Die Armen, sie suchen dich wie verrückt. Mir ist leider herausgerutscht, dass du ans Meer wolltest, aber das mit dem Meer war ja noch kein richtiger Tipp. Das kann ja überall sein. Es wäre auch unglaubwürdig gewesen, wenn ich gar nichts gewusst hätte, oder? Total unrealistisch, dass ein Freund, der von zu Hause weggelaufen ist, und dann bei mir wohnt, gar kein Wort darüber verliert, wo er als Nächstes hinwill. Aber wie sollen die dich da oben an der Nordsee auch finden? Ich wollte dir nur Bescheid geben. Was du mit der Info machst, ist natürlich dir überlassen. Grüß mir meinen Onkel schön!

Bis denne

FC (302 Wörter)

Übung 19

a) Getötet wurden die Krankenschwestern von …
   - [x] Möbius, Ernesti und Beutler.

b) Er verhaftet sie nicht, weil …
   - [x] die Mörder psychisch krank sind.

c) Sie leben in Wahrheit im Irrenhaus, weil …
   - [x] Möbius damit verhindern will, dass seine Theorien bekannt werden.
   - [x] Beutler und Ernesti Möbius ausspionieren und entführen sollen.

d) Sie wurden getötet, weil …
   - [x] sie der Wahrheit über die drei Physiker auf der Spur waren.

e) Am Ende des Dramas …
   - [x] wollen die Physiker zum Wohle der Menschheit im Irrenhaus bleiben.
   - [x] wird klar, dass Dr. Mathilde von Zahnd in Wahrheit wahnsinnig ist.
   - [x] offenbart sich Dr. von Zahnds Plan, die Weltherrschaft an sich zu reißen.

Übung 20

1. und 2. *Mögliche Lösung:*

Lese-Etappe	Seiten	Überschrift	handelnde Figuren
Erster Akt			
1	11–18	Voß' Ermittlungen bei Einsteins Mord/ Gespräch zwischen Inspektor Voß und Oberschwester Marta	Kriminalinspektor Richard Voß, Oberschwester Marta Boll; *nicht genannt:* Guhl (Polizist), Blocher (Polizist), Gerichtsmediziner; *genannt, aber nicht aktiv handelnd:* Irene Straub (aktuelles Opfer), Ernst Heinrich Ernesti (Einstein), Dorothea Moser (Opfer im August), Herbert Georg Beutler (Newton), Fräulein Dr. Mathilde von Zahnd (Chefärztin)
2	18–24	Gespräch zwischen Inspektor Voß und Newton	Herbert Georg Beutler (Newton), Inspektor Richard Voß, Blocher (Polizist); *genannt, aber nicht aktiv handelnd:* Einstein (Ernst Heinrich Ernesti), Chefärztin (Fräulein Dr. Mathilde von Zahnd)
3	24–31	Gespräche zwischen Dr. von Zahnd und Inspektor Voß bzw. der Oberschwester	Fräulein Dr. Mathilde von Zahnd, Inspektor Voß, Ernst Heinrich Ernesti (Einstein), Oberschwester Marta; *genannt, aber nicht aktiv handelnd:* Newton
4	31–43	Besuch von Familie Rose	Lina Rose (Möbius' Ex-Frau), Oskar Rose, Jörg-Lukas, Adolf-Friedrich, Wilfried-Kaspar (Möbius' Söhne), Fräulein Dr. von Zahnd; *nicht genannt:* Oberschwester
5	43–53	Liebe und Mord/ Mord an Schwester Monika	Schwester Monika, Möbius, Einstein, Newton

Lese-Etappe	Seiten	Überschrift	handelnde Figuren
Zweiter Akt			
6	54–57	Ermittlungen im Mordfall Monika	Polizisten (Guhl, Blocher, Gerichtsmediziner), Inspektor Voß, Fräulein Dr. von Zahnd, drei Pfleger (Oberpfleger Uwe Sievers, Pfleger McArthur, Pfleger Murillo); *genannt, aber nicht aktiv handelnd:* Möbius
7	58–61	Die Gerechtigkeit macht Urlaub/ Gespräche zwischen Voß und Dr. von Zahnd bzw. Möbius	Polizisten, Gerichtsmediziner, Fräulein Dr. von Zahnd, Möbius, Inspektor Voß; *genannt, aber nicht aktiv handelnd:* Schwester Monika
8	61–78	Klärendes Gespräch zwischen den drei Physikern	Möbius, Newton (in Wahrheit: Alec Jasper Kilton), Einstein (in Wahrheit: Joseph Eisler), Pfleger; *genannt, aber nicht aktiv handelnd:* Schwester Dorothea, Schwester Irene
9	78–85	Die „schlimmstmögliche Wendung"/ Fräulein Dr. von Zahnds Geständnis	Fräulein Dr. von Zahnd, Oberpfleger Uwe Sievers, Pfleger McArthur, Pfleger Murillo, Möbius, Kilton (Newton), Eisler (Einstein)
10	85–87	Schlussmonologe der drei Physiker	Kilton (Newton), Eisler (Einstein), Möbius (König Salomo)

Übung 21

1. a) und b)

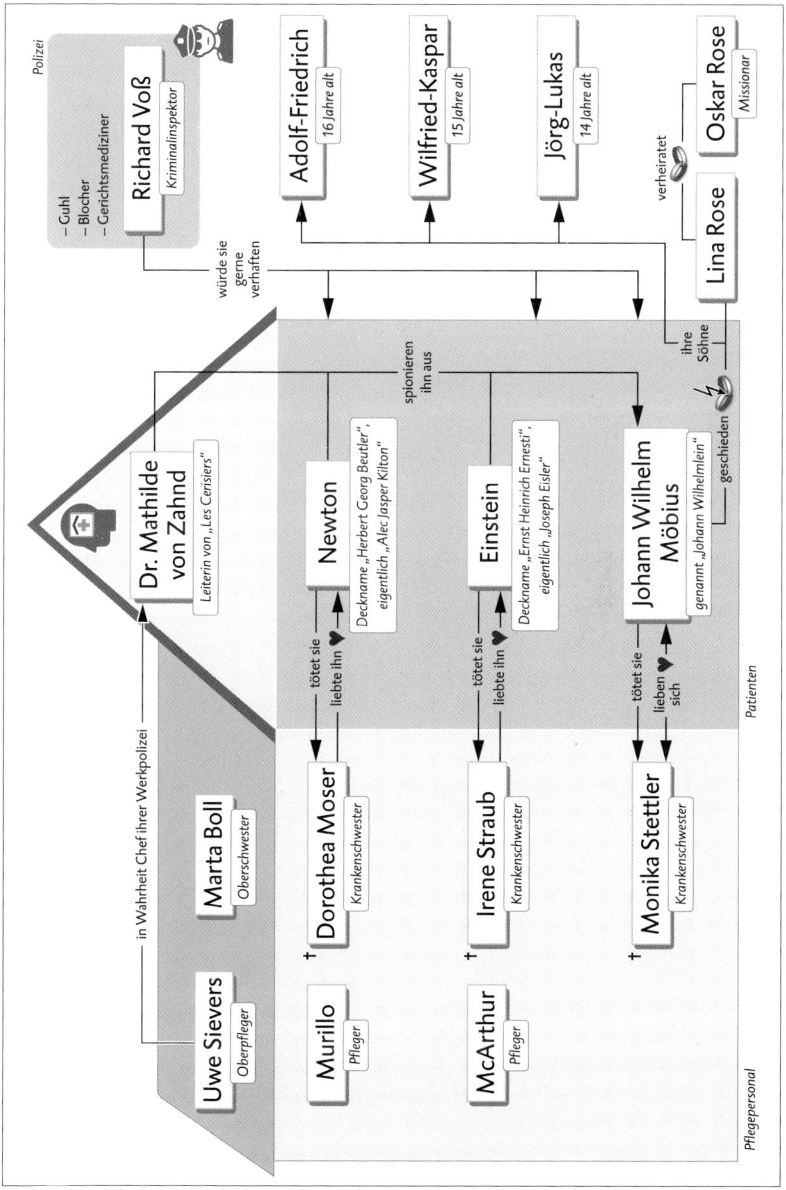

2.

Figur	Aussage
Johann Wilhelm Möbius	Er gibt vor, verrückt zu sein, damit seine wissenschaftlichen Erkenntnisse nicht in falsche Hände geraten.
Irene Straub	Sie war Krankenschwester, 22 Jahre alt, Landesmeisterin des nationalen Judoverbandes, stammte aus Kohlwang, hatte einen Bruder in der Ostschweiz und wurde von ihrem Geliebten Ernesti an einem Novembernachmittag mit der Schnur einer Stehlampe erdrosselt.
Dr. Mathilde von Zahnd	Sie ist ca. 55 Jahre alt, bucklig, unverheiratet, unfruchtbar und entstammt einer Adelsfamilie. Sie ist die Leiterin des privaten Sanatoriums „Les Cerisiers“, in dem auch viele aus ihrer Verwandtschaft betreut werden.
Dorothea Moser	Sie war Krankenschwester, strohblond, Mitglied des Damenringvereins und liebte ihren Patienten Beutler. Von diesem wurde sie am 12. August mit einer Vorhangkordel erdrosselt.
Jörg-Lukas	Er ist 14 Jahre alt, Möbius' jüngster Sohn und möchte Physiker werden.
Marta Boll	Sie ist Oberschwester in der Heilanstalt und verbessert Inspektor Voß mehrfach, wenn er von den Kranken als Mörder spricht und ihre Taten als Mord bezeichnet.
Johann Wilhelm Möbius	Er hat die Weltformel entdeckt und wird von verschiedenen Geheimdiensten für den genialsten Physiker der Welt gehalten, weshalb er ausspioniert und entführt werden soll.
Dr. Mathilde von Zahnd	Sie ist wahnsinnig und glaubt, dass ihr König Salomo befohlen hat, über die Welt und das Weltall zu herrschen.
Adolf-Friedrich	Er ist 16 Jahre alt, Möbius' ältester Sohn und möchte Pfarrer werden.
Monika Stettler	Sie ist 25 Jahre alt, Krankenschwester, stammt aus Blumenstein und liebt ihren Patienten Möbius. Diesen hält sie nicht für verrückt und glaubt ihm, dass ihm König Salomo erscheint. Sie wird von ihm mit einer Vorhangkordel erdrosselt.

Joseph Eisler	Alle glauben, dass er Ernst Heinrich Ernesti heißt und im Irrenhaus ist, weil er sich für Einstein hält. In Wahrheit ist er Physiker, der Entdecker des Eisler-Effekts und arbeitet als Geheimagent.
Richard Voß	Er raucht und trinkt gern und ermittelt in drei Mordfällen in der Heilanstalt.
Uwe Sievers	Er gibt vor, Oberpfleger in Dr. von Zahnds Heilanstalt zu sein, ist in Wahrheit aber Chef ihrer Werkpolizei.
Oskar Rose	Er will aufgrund einer neuen Arbeitsstelle als Missionar mit seiner neuen Frau und den Söhnen auf die Marianen übersiedeln.
Wilfried-Kaspar	Er ist 15 Jahre alt, Möbius' mittlerer Sohn und will Philosophie studieren.
Alec Jasper Kilton	Alle glauben, dass er Herbert Georg Beutler heißt und im Irrenhaus ist, weil er sich für Newton hält. Er behauptet aber, in Wirklichkeit Einstein zu sein und sich nur als Newton auszugeben, um Ernesti nicht zu verwirren. In Wahrheit ist er Physiker, der Begründer der Entsprechungslehre und arbeitet als Geheimagent.
Lina Rose	Sie ist Möbius' geschiedene Ehefrau und hat mit ihm drei Söhne. Sie erzählt, dass sie sich früher für seine Karriere und seine Unterbringung in der teuren Anstalt aufgeopfert hat.

Übung 22

1. a)

Oberbegriff	**Gemeinsamkeit**
Geschlecht	Männer
Beruf	Physiker
Wohnort	privates Sanatorium „Les Cerisiers“
Art der Tarnung	*vorgespielte geistige Erkrankung*
Liebe/Partnerschaft	wurden von ihrer Krankenschwester geliebt
Straftat	Mord an einer Krankenschwester

b) *Mögliche Lösungen (nur vier erforderlich):*
- Möbius, Einstein und Newton sind Männer.
- Außerdem sind alle drei Personen studierte Physiker.
- Sie wohnen alle drei im privaten Sanatorium „Les Cerisiers".
- Um dort leben zu können, spielen alle drei Physiker eine geistige Erkrankung vor.
- Die drei Personen haben auch gemeinsam, dass sie von einer Krankenschwester geliebt wurden.
- Jeder der Physiker hat die Krankenschwester, die ihn liebte, getötet.

2. a) *Leseauftrag*

b) Einstein ahnt offenbar, dass es Schwester Monika ähnlich wie Schwester Irene ergehen könnte und sie von ihrem Geliebten getötet wird, wenn sie nicht flieht. Seine Ahnung rührt sicherlich daher, dass ihn die Situation mit Schwester Monika an seinen eigenen Mord an Schwester Irene erinnert. Auch er hatte Schwester Irene, die ihn liebte, vor der drohenden Gefahr gewarnt und wollte sie wegschicken. Sie weigerte sich aber zu fliehen und wurde daher von ihm getötet. Wenn Schwester Monika nicht flieht, droht ihr das gleiche Schicksal.

3. a)
- Im Gespräch zwischen Marta Boll und dem Inspektor erfährt man, dass Dr. von Zahnd mit den Patienten Newton und Einstein Schach spielt bzw. musiziert, damit sich diese nach ihren Morden beruhigen können (vgl. S. **17**).
- Dr. von Zahnd bestimmt, für wen sich ihre Patienten halten, also über ihre Identität, und behauptet, die Patienten besser zu kennen als sie sich selbst (vgl. S. **25**).
- Sie erklärt dem Inspektor, dass sie die Patientinnen und Patienten sortiert und z. B. die Millionärinnen zu den Millionärinnen und die Physiker zu den Physikern steckt (vgl. S. **29**).
- Als Möbius ihr gegenüber behauptet, König Salomo habe ihm den Mord an Schwester Monika befohlen, erbleicht sie und zieht sich mit einem Verweis auf ihre Nerven zurück (vgl. S. **58/59**).
- Dr. von Zahnd offenbart den drei Physikern, dass ihr König Salomo erscheint und sie mithilfe von Möbius' Manuskripten, die sie im Laufe der Zeit heimlich kopiert hat, die Herrschaft über die Welt und das Weltall übernehmen will (vgl. S. 82–**85**).

b) *Mögliche Lösungen (nur drei erforderlich):*
- Anfangs verhält sich Dr. von Zahnd einfühlsam und kümmert sich beinahe mütterlich um die beiden Patienten Newton und Einstein, damit sich diese nach ihren Morden beruhigen können. Wie man von Marta Boll erfährt, hatte Dr. von Zahnd vor drei Monaten zu diesem Zweck mit Newton Schach gespielt und musiziert gerade aus demselben Grund mit Einstein (vgl. S. 17).
- Im Gegensatz dazu steht ihr arrogantes Verhalten während des Gesprächs mit dem Inspektor, als sie über die Identität ihrer Patienten bestimmt und behauptet, diese besser zu kennen als sie sich selbst (vgl. S. 25).
- Als sie dem Inspektor erklärt, dass sie die Patientinnen und Patienten nach medizinisch nicht nachvollziehbaren Gründen sortiert, offenbart sich in ihren Aussagen ein menschenverachtendes Verhalten, weil sie die Patientinnen und Patienten dadurch nicht wie Menschen, sondern eher wie Gegenstände behandelt (vgl. S. 29).
- Als Möbius ihr gegenüber behauptet, König Salomo habe ihm den Mord an Schwester Monika befohlen, erbleicht sie und zieht sich mit einem Verweis auf ihre Nerven zurück (vgl. S. 58/59). In dieser Situation ist von ihrem zuvor selbstbewussten und arroganten Auftreten nichts mehr zu erkennen. Sie erscheint angesichts Möbius' Behauptung, auf König Salomos Befehl hin gemordet zu haben, eher nachdenklich, nervös und verständnislos.
- Am Ende der Handlung wirkt Dr. von Zahnd skrupellos, unbeirrbar, größenwahnsinnig und entrückt, als sie den drei Physikern offenbart, dass ihr König Salomo erscheint und sie mithilfe von Möbius' Manuskripten, die sie im Laufe der Zeit heimlich kopiert hat, die Herrschaft über die Welt und das Weltall übernehmen will (vgl. S. 82–85).

4. a) *Folgendes könntest du zitiert haben:*
- *„Ich will ja gar nicht fliehen. […] Ich finde nicht den geringsten Grund dazu. Im Gegenteil. Ich bin mit meinem Schicksal zufrieden."* (S. 68)
- „Merkwürdig. Jeder preist mir eine andere Theorie an, doch die Realität, die man mir bietet, ist dieselbe: ein Gefängnis. Da ziehe ich mein Irrenhaus vor. Es gibt mir wenigstens die Sicherheit, von Politikern nicht ausgenützt zu werden." (S. 73)

- „Es gibt Risiken, die man nie eingehen darf: der Untergang der Menschheit ist ein solches. Was die Welt mit den Waffen anrichtet, die sie schon besitzt, wissen wir, was sie mit jenen anrichten würde, die ich ermögliche, können wir uns denken. Dieser Einsicht habe ich mein Handeln untergeordnet." (S. 73)
- „Unsere Wissenschaft ist schrecklich geworden, unsere Forschung gefährlich, unsere Erkenntnis tödlich. [...] Wir müssen unser Wissen zurücknehmen, und ich habe es zurückgenommen. Es gibt keine andere Lösung [...]." (S. 74)

b) Möbius hat sich in die Heilanstalt zurückgezogen und möchte dort bleiben, weil er glaubt, auf diese Weise sein gefährliches Wissen zurücknehmen und die Welt dadurch schützen zu können („Unsere Wissenschaft ist schrecklich geworden, unsere Forschung gefährlich, unsere Erkenntnis tödlich. [...] Wir müssen unser Wissen zurücknehmen, und ich habe es zurückgenommen. Es gibt keine andere Lösung [...].", S. 74). Außerdem scheint er zu befürchten, dass er außerhalb der Anstalt zum Spielball politischer Mächte wird, die ihn ausnutzen wollen („Merkwürdig. Jeder preist mir eine andere Theorie an, doch die Realität, die man mir bietet, ist dieselbe: ein Gefängnis. Da ziehe ich mein Irrenhaus vor. Es gibt mir wenigstens die Sicherheit, von Politikern nicht ausgenützt zu werden.", S. 73).
In der Heilanstalt fühlt er sich offenbar sicherer und freier als draußen, weshalb er mit seinem selbstgewählten Leben im Sanatorium zufrieden ist und dort für immer bleiben möchte („Ich will ja gar nicht fliehen. [...] Ich finde nicht den geringsten Grund dazu. Im Gegenteil. Ich bin mit meinem Schicksal zufrieden.", S. 68).

5. a) *Leseauftrag*

b)

Zitate	Monikas Eigenschaften
„[I]ch glaube an dieses Wunder. [...] An den König Salomo. [...] Und wenn Sie erzählten, auch noch der König David erscheine Ihnen mit seinem Hofstaat, würde ich es glauben." (S. 46)	glaubt an die Erscheinungen König Salomos
„Ich fürchte nicht für mich, ich fürchte für Sie." (S. 46/47)	macht sich mehr Sorgen um andere als um sich selbst

„Ich will mit Ihnen schlafen, ich will Kinder von Ihnen haben.“ (S. 49)	weiß genau, was sie will; ist schamlos
„SCHWESTER MONIKA […] Ich hasse meinen Beruf!“ (S. 49)	arbeitet als Krankenschwester, hasst den Beruf aber
„Ich will für meinen Geliebten dasein. Für Sie. Ich will alles tun, was Sie von mir verlangen […]!“ (S. 50)	liebt Möbius; will sich für Möbius aufopfern
„Ich habe doch auch niemanden mehr auf der Welt als Sie! Ich bin doch auch allein!“ (S. 50) „INSPEKTOR Angehörige? FRL. DOKTOR Keine.“ (S. 55)	klammert sich an Möbius; ist allein
„Ich sprach mit Fräulein Doktor von Zahnd. […] Wir dürfen heiraten. […] Ich habe den Posten einer Gemeindeschwester […] angenommen. Ich habe gespart.“ (S. 51)	ist vorausschauend planend; will Möbius heiraten; ist sparsam
„[D]ie Weisheit des Himmels wurde dir zuteil. Nun hast du den Weg zu gehen […], er führt in den Kampf. Ich bin da, dir zu helfen, mit dir zu kämpfen […].“ (S. 52)	ist entschlossen und kämpferisch
„INSPEKTOR Alter? FRL. DOKTOR Fünfundzwanzig. Aus Blumenstein.“ (S. 55)	ist 25 Jahre alt; stammt aus Blumenstein
„FRL. DOKTOR […] Monika Stettler war meine beste Pflegerin. Sie verstand die Kranken. Sie konnte sich einfühlen.“ (S. 55)	ist gut in ihrem Job; ist verständnisvoll und einfühlsam

c) Monika Stettler ist 25 Jahre alt und stammt aus Blumenstein (vgl. S. 55). Sie hat keine Angehörigen („INSPEKTOR Angehörige? FRL. DOKTOR Keine.“, S. 55) und klammert sich daher offenbar an Möbius, den sie liebt und für den sie alles tun würde. Sie ist sogar bereit, sich regelrecht für ihn aufzuopfern („Ich will für meinen Geliebten dasein. Für Sie. Ich will alles tun, was Sie von mir verlangen […]!“, S. 50).
Ihren Beruf als Krankenschwester, in dem sie zwar sehr gut ist (vgl. S. 55), den sie aber hasst („Ich hasse meinen Beruf!“, S. 49), will sie aufgeben, um sich nur noch um Möbius zu kümmern. Sie macht sich

zudem mehr Sorgen um andere – insbesondere um Möbius – als um sich selbst („Ich fürchte nicht für mich, ich fürchte für Sie.“, S. 46/47). Ihre verständnisvolle und einfühlsame Art ist sogar Dr. von Zahnd aufgefallen („Sie verstand die Kranken. Sie konnte sich einfühlen.“, S. 55).

Monika weiß darüber hinaus genau, was sie will: Sie will Möbius heiraten, Kinder von ihm und sich ein Leben mit ihm in Blumenstein aufbauen (vgl. S. 49, 51). Ohne Scham sagt sie Möbius sogar direkt, dass sie mit ihm schlafen möchte (vgl. S. 49). Sie hat ihre gemeinsame Zukunft bereits vorausschauend geplant: Sie hat sparsam gelebt, um Geld für die gemeinsame Zukunft beiseitezulegen, hat eine Arbeitsstelle als Gemeindeschwester in Blumenstein angenommen, hat Dr. von Zahnd um Heiratserlaubnis gebeten (vgl. S. 51), einen passenden Zug nach Blumenstein herausgesucht und hat auch Möbius' wissenschaftliche Karriere geplant.

Sie ist entschlossen und kämpferisch und möchte Möbius dabei helfen, sich für seine wissenschaftlichen Erkenntnisse einzusetzen („[D]ie Weisheit des Himmels wurde dir zuteil. Nun hast du den Weg zu gehen […], er führt in den Kampf. Ich bin da, dir zu helfen, mit dir zu kämpfen […].“, S. 52). Sie glaubt Möbius nämlich nicht nur, dass die Erkenntnisse von König Salomo stammen, sondern würde ihm auch sonst alles glauben, weil sie überzeugt ist, dass Möbius nicht verrückt ist (vgl. S. 45/46).

Übung 23

1. **Text 1:**
   a) Es handelt sich um einen inneren Monolog, also um eine Art Selbstgespräch. Das ist z. B. an der Wiedergabe von Gedanken, Gedankensprüngen und Fragen an sich selbst zu erkennen.
   b) Der innere Monolog ist aus Sicht von Inspektor Voß verfasst.
   c) Der Text bezieht sich auf den Anfang des Dramas, als der Inspektor im zweiten Mordfall ermittelt und von Oberschwester Marta Boll immer wieder bezüglich seiner Ausdrucksweise zurechtgewiesen wird (vgl. S. 15–17).

Text 2:

a) Es handelt sich um einen Brief. Erkennbar ist das z. B. an der direkten Ansprache der Adressaten (Lina, Kinder) und der Unterschrift des Absenders (Möbius).

b) Johann Wilhelm Möbius hat diesen Brief verfasst.

c) Das Schreiben muss nach dem Ende der Handlung, d. h. nach S. 87, verfasst worden sein, da Möbius schon weiß, dass sein Rückzug in die Heilanstalt umsonst war, weil seine Manuskripte Dr. von Zahnd in die Hände gefallen sind.

Text 3:

a) Es handelt sich um ein Gespräch bzw. einen Dialog. Erkennbar ist das z. B. an den vorangestellten Namen mit dem Doppelpunkt und den Regieanweisungen.

b) Dr. von Zahnd und Oberschwester Marta Boll unterhalten sich hier.

c) Das Gespräch ist auf Seite 31 zu verorten, als Oberschwester Marta Boll erfährt, dass nun männliche Pfleger die drei Physiker in der Villa beaufsichtigen sollen.

Text 4:

a) Der Text stellt einen Tagebucheintrag, der eine Mischung aus einem Brief und einem inneren Monolog ist, dar. Dass es sich nicht um einen Brief, sondern einen Tagebucheintrag handelt, erkennt man daran, dass Adressat und Grußformel, die auf einen Brief hingedeutet hätten, fehlen.

b) Möbius' Sohn Jörg-Lukas verfasst diesen Tagebucheintrag.

c) Der Tagebucheintrag ist nach dem Familienbesuch in der Heilanstalt, also nach S. 43 zu verorten.

2. *So könnte deine Umgestaltung in ein Gespräch aussehen:*

JÖRG-LUKAS: *Habt ihr einen Moment für mich? Ich muss mit euch reden.*

ADOLF-FRIEDRICH: *Was ist los, Brüderchen?*

JÖRG-LUKAS *(bedrückt)*: Mir geht der heutige Besuch bei Papi einfach nicht aus dem Kopf.

WILFRIED-KASPAR: Das kann ich verstehen. Der Besuch war fürchterlich.

JÖRG-LUKAS: Genau! Es fing ja schon damit an, dass Papi Mami gar nicht erkannt hat.

ADOLF-FRIEDRICH: Das ist mir auch aufgefallen. Ich konnte sehen, wie sehr es ihr wehtat.

WILFRIED-KASPAR: Ja, aber zum Glück hat er sich dann doch recht schnell wieder erinnert.

JÖRG-LUKAS: Mag sein, aber er schien nicht einmal zu wissen, dass er drei Söhne hat. Er wusste gar nicht, dass es mich gibt!

Adolf-Friedrich legt seinem Bruder tröstend einen Arm um die Schulter.

ADOLF-FRIEDRICH: Das muss hart für dich sein, Jörg-Lukas. Aber denk daran, dass du noch ganz klein warst, als Vater erkrankte und ins Sanatorium kam. Dass er sich nicht an dich erinnern konnte, hat nichts mit dir persönlich tun.

JÖRG-LUKAS: Hmm ... Vielleicht hast du recht. Ich verstehe aber auch nicht, warum er so schockiert war, als ich ihm gesagt habe, dass ich wie er Physiker werden will. Ich wollte doch nur, dass er sich wenigstens in Zukunft an mich erinnert und stolz auf mich ist!

WILFRIED-KASPAR: Ganz ehrlich, das verstehe ich auch nicht.

ADOLF-FRIEDRICH: Geht mir auch so.

JÖRG-LUKAS: Das war aber noch nicht das Schlimmste! Als wir ihm zum Abschied etwas auf den Blockflöten vorgespielt haben, war er plötzlich wie von Sinnen!

WILFRIED-KASPAR: Stimmt! Er hat geschrien, dass wir im Namen König Salomos aufhören sollen, und hat lautstark einen grauenerregenden Psalm Salomos vorgetragen.

ADOLF-FRIEDRICH: Er hat uns richtig verscheucht und nachgeschrien, bis wir tatsächlich weinend geflüchtet sind.

JÖRG-LUKAS: Es war so schrecklich! Jetzt will ich sicher nicht mehr so werden wie er! *(weinend)* Am liebsten würde ich ihn vergessen, für immer ...

WILFRIED-KASPAR: Lasst uns nicht mehr daran denken. Wir können nichts mehr daran ändern.

ADOLF-FRIEDRICH: Du hast recht. Bald beginnt ohnehin ein neues Kapitel in unserem Leben ...

WILFRIED-KASPAR: ... auf den Marianen ...

JÖRG-LUKAS: ... weit weg von Papi.

(333 Wörter)

Wahlteil B: Textgebundene dialektische Erörterung

Übung 24

1. a) ☒ Er hatte vor lauter Terminen keine echte Freizeit mehr, deshalb haben die Eltern entschieden, diese Aktivität wegzulassen.
   b) ☒ Sie wollen ihre Kinder möglichst gut und in vielen Bereichen fördern.
2. Sie haben am Wochenende zu viel Freizeitstress, sodass sie montags schon erschöpft in der Schule ankommen.
3. Langeweile wird positiv dargestellt, denn durch sie beschäftigen sich die Kinder mit sich und ihrer Umwelt und entwickeln Kreativität, Selbstbewusstsein und Stabilität (vgl. Z. 63–68).

Übung 25

1.

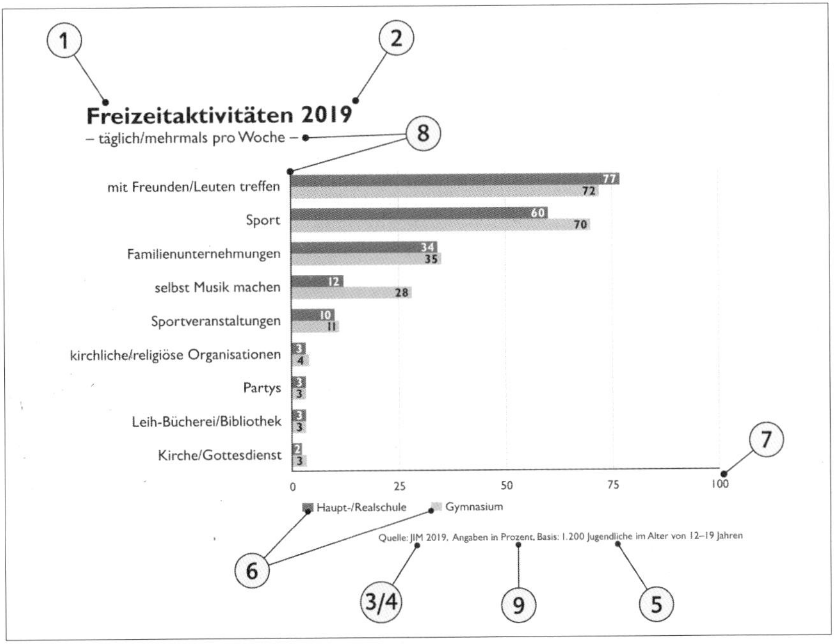

2. In dem Balkendiagramm, das aus dem Jahr 2019 stammt, werden Freizeitaktivitäten dargestellt, die Jugendliche zwischen 12 und 19 Jahren täglich oder mehrmals pro Woche ausüben. Dabei wird zwischen Schülerinnen und Schülern des Gymnasiums und der Haupt- und Realschule unterschieden.

3.

	richtig	falsch	nicht enthalten
Über die Hälfte der befragten Jugendlichen treibt täglich oder mehrmals pro Woche in ihrer Freizeit Sport.	☒	☐	☐
Familienunternehmungen stehen als Freizeitbeschäftigung an oberster Stelle.	☐	☒	☐
Gymnasiastinnen und Gymnasiasten musizieren in ihrer Freizeit häufiger als Haupt- und Realschüler*innen.	☒	☐	☐
Viele Schüler*innen haben in ihrer Freizeit Nachhilfe in mindestens einem Fach.	☐	☐	☒
Sich mit Freundinnen und Freunden zu treffen, ist für Jugendliche die wichtigste Freizeitaktivität.	☒	☐	☐
Das Diagramm ist der JIM-Studie 2018 entnommen.	☐	☒	☐
Die Befragten sind zwischen 12 und 19 Jahren alt.	☒	☐	☐

Übung 26

1. a) *Thema:* Freizeitaktivitäten
   Einschränkung(en): zahlreiche unterschiedliche; von Kindern und Jugendlichen
   b) *Aspekte der Erörterung:* Nutzen und Nachteile
   c) *Weitere Hinweise:* Textgrundlage: „Viel zu verplant" und „Freizeitaktivitäten 2019"; Meinung zum Thema soll begründet werden

2. *individuelle Lösung*

Übung 27

1. a) persönliches Erlebnis
   b) aktuelle Entwicklung

2. *So könnten deine Aufhänger lauten:*
   - *Zitat:* „Nichtstun macht nur dann Spaß, wenn man eigentlich viel zu tun hätte." – So lautet ein bekanntes Zitat. Aber zum Nichtstun haben die Kinder und Jugendlichen heute vor lauter Freizeitstress gar keine Zeit mehr.
   - *Aktuelle Entwicklung:* Sportverein, Musikschule, Kunstkurse und Nachhilfe – Jugendliche üben heute oft sehr viele verschiedene Freizeitaktivitäten aus, damit sie möglichst vielfältig gefördert werden.

Übung 28

1.

Titel	Viel zu verplant
Verfasserin	Bettina Levecke
Textsorte	Internetartikel
Quelle	www.magazin-schule.de/magazin/freizeitstress-viel-zu-verplant
Erscheinungsdatum	12. 09. 2017
Thema	Freizeitstress von Kindern und Jugendlichen
Welche Problematik wird im Text genannt?	• Jugendliche haben zu viele Freizeitaktivitäten • Folge: Stress, gesundheitliche Probleme, schlechtere schulische Leistungen
Welche Schlussfolgerungen zieht die Verfasserin offenbar zum Thema?	besser nicht so viele Aktivitäten ausüben und zu großen Stress vermeiden
Was soll durch den Text erreicht werden?	• zum Nachdenken über das eigene Freizeitverhalten bzw. das der Kinder anregen • evtl. Appell, ebenso wie die Autorin etwas zu ändern

Einleitung

2.

Titel	Freizeitaktivitäten 2019
Textart	Balkendiagramm
Quelle	JIM 2019
Erscheinungsjahr	2019
Thema	Freizeitaktivitäten von Jugendlichen
Was wird in dem Diagramm dargestellt?	verschiedene Freizeitaktivitäten im Vergleich zwischen Gymnasiastinnen und Gymnasiasten und Schülerinnen und Schülern der Haupt-/Realschule
Wie viele Jugendliche wurden befragt und in welchem Alter sind sie?	1 200 Befragte im Alter von 12 bis 19 Jahren
In welcher Form werden die Angaben gemacht?	in Prozent

Übung 29

1. *So könntest du die Themenfrage formuliert haben:*
   - *Frage:* Ist es sinnvoll, wenn Kinder und Jugendliche viele verschiedene Freizeitaktivitäten ausüben?
   - *Aussage:* Es stellt sich die Frage, ob viele verschiedene Freizeitaktivitäten für Kinder und Jugendliche sinnvoll sind.

2. *So könnte deine Einleitung formuliert sein:*
   Sportverein, Musikschule, Kunstkurse und Nachhilfe – Jugendliche üben heute oft sehr viele verschiedene Freizeitaktivitäten aus, damit sie möglichst vielfältig gefördert werden. Der Artikel „Viel zu verplant" von Bettina Levecke, der 2017 online im „Magazin Schule" erschienen ist, befasst sich damit, dass eine große Zahl an Freizeitaktivitäten bei Kindern und Jugendlichen von den Eltern zwar gut gemeint ist, sich aber auch negativ auswirken kann. Das Balkendiagramm „Freizeitaktivitäten 2019" aus der JIM-Studie 2019 zeigt, welche Aktivitäten Jugendliche regelmäßig ausüben. Es stellt sich nun die Frage, ob viele verschiedene Freizeitaktivitäten für Kinder und Jugendliche sinnvoll sind.

Übung 30

So könnten These und Antithese jeweils lauten:

- Pro: Zahlreiche Freizeitaktivitäten stellen einen Gewinn für Kinder und Jugendliche dar.
- Kontra: Zu viele Freizeitaktivitäten wirken sich insgesamt negativ auf Kinder und Jugendliche aus.

Übung 31

1.

	Zahlreiche Freizeitaktivitäten stellen einen Gewinn für Kinder und Jugendliche dar.	**Zu viele Freizeitaktivitäten wirken sich insgesamt negativ auf Kinder und Jugendliche aus.**
passende Inhalte aus dem Text	• *Die Kinder sollen „vielfältige Möglichkeiten zur Entwicklung" (M 1, Z. 25) erhalten.* • Sie lernen beim Sport Teamgeist und Fairness und ihre Motorik und Gesundheit werden gefördert. • Musische Ausbildung fördert die Intelligenz. • Talente wie zeichnerische Begabung können weiterentwickelt werden.	• *Aufgrund der fehlenden Freizeit sind Kinder schon montagmorgens in der Schule erschöpft vom Wochenende.* • Die vielen Termine rufen Stress hervor (bei der ganzen Familie). • Kinder und Jugendliche sind durch den andauernden Druck, Leistung erbringen zu müssen, körperlich und geistig erschöpft, sodass sie sich in der Schule schlechter konzentrieren können. • Die Überforderung macht sie unruhig, reizbar, unaufmerksam und sensibel. • Sie werden insgesamt unruhiger. • Sie haben keine Zeit mehr, sich mit sich selbst zu beschäftigen und so Kreativität, Selbstbewusstsein und innere Stabilität zu entwickeln. Weniger Aktivitäten bedeuten also mehr Zeit für Beschäftigung mit sich selbst.

eigene Ideen für Argumente	• Kinder und Jugendliche lernen bei den verschiedenen Aktivitäten neue Freunde kennen. • Durch die Aktivitäten ist Kindern und Jugendlichen weniger langweilig, sie haben Beschäftigung.	• Wenn Kinder und Jugendliche zu viele verschiedene Hobbys ausüben, dann können sie sich auf keines richtig konzentrieren und machen alles nur oberflächlich.

2. *Folgende Erkenntnisse könntest du zusammengefasst haben:*
   - *Über 30 Prozent der Jugendlichen unternehmen mehrmals pro Woche etwas mit der Familie.*
   - Weit mehr als die Hälfte der Jugendlichen ist mehrmals pro Woche sportlich aktiv.
   - Über ein Viertel der Gymnasiastinnen und Gymnasiasten musiziert in ihrer Freizeit, bei den Schülerinnen und Schülern der Haupt- und Realschule sind es 12 Prozent.
   - Fast drei Viertel der befragten Jugendlichen trifft sich mehrmals die Woche mit Freundinnen und Freunden.

Übung 32

So könntest du die Argumente nummeriert haben:

1	Förderung in unterschiedlichen Bereichen durch verschiedene Freizeitaktivitäten	3	Zu große Anstrengung durch zu viele Aktivitäten
3	Weniger Langeweile aufgrund zahlreicher Freizeitbeschäftigungen	1	Positive Auswirkungen auf die Entwicklung durch Langeweile
2	Kennenlernen von mehr Freunden durch unterschiedliche Aktivitäten	2	Schlechtere schulische Leistungen durch Freizeitstress

Hinweis: *Insbesondere bei den Argumenten, die gegen zu viele Freizeitaktivitäten sprechen, kann deine Nummerierung von diesem Lösungsvorschlag abweichen. Hier kannst du ganz individuell entscheiden, wie schwer die einzelnen Argumente für dich wiegen.*

Übung 33

individuelle Lösung

Übung 34

1. *So sollten deine Markierungen von* Behauptung, Begründung *und* Beispiel/Beleg *jeweils aussehen:*

   a) Wenn Kinder und Jugendliche vielfältigere Freizeitbeschäftigungen haben, wird ihnen nicht so schnell langweilig, denn ihre Tage sind besser gefüllt. Wer mehrmals in der Woche einem Hobby nachgeht, der ist beschäftigt und muss nicht erst lange überlegen, was er tun soll.

   Meinung: Das Argument ist zwar formal richtig aufgebaut, doch ist es inhaltlich nicht sehr überzeugend. Es ist nicht schlimm, wenn man einmal länger überlegen muss, was man unternehmen kann, oder sich sogar einmal langweilt, was der Text „Viel zu verplant" auch bestätigt. Außerdem ist das Beispiel sehr allgemein formuliert und könnte noch anschaulicher sein, z. B. indem konkrete Hobbys genannt werden.

   b) Zu viele Aktivitäten sind für zahlreiche Kinder einfach zu anstrengend. Auch Simone Fleischmann, die Präsidentin des Bayerischen Lehrer- und Lehrerinnenverbandes erklärt: „Wenn Kinder ständig Leistung erbringen müssen, sind sie nicht nur körperlich, sondern auch geistig richtig kaputt" (M 1, Z. 44/45). Denn sie haben dadurch zu wenig Erholung. Das merken viele Lehrer*innen zum Beispiel daran, dass Schüler*innen montags ganz erschöpft in die Schule kommen, weil sie am Wochenende zu viel Programm hatten (vgl. M 1, Z. 39–41).

   Meinung: Das Argument ist richtig aufgebaut und auch inhaltlich überzeugend, weil Begründung und Beispiel sinnvoll durch die Aussagen einer Expertin untermauert werden.

2. a)

		Behauptung	Begründung	Beispiel/ Beleg
1	Freizeitaktivitäten im sportlichen Bereich haben mehrere positive Auswirkungen auf Kinder und Jugendliche, da sie neben der Gesundheit auch andere Bereiche fördern. *	☒	☒	☐
2	Musische Aktivitäten sind mehr als nur ein Hobby *. So werden beim Musizieren in der Freizeit auch günstige Voraussetzungen für das Lernen und den schulischen Erfolg geschaffen.	☒	☐	☒
3	* Denn in „der Beschäftigung mit sich selbst und der Welt entwickeln sich Kreativität, Selbstbewusstsein und innere Stabilität“ (M 1, Z. 67/68). So findet ein Kind, das nicht ständig mit Freizeitangeboten beschäftigt ist, eigene Wege, sich die Zeit zu vertreiben, indem es beispielsweise etwas baut, zeichnet oder sich ein eigenes Spiel ausdenkt.	☐	☒	☒

b) *So könnten deine Ergänzungen aussehen (Markierungen mit Stern siehe Aufgabe a):*

1 So werden zum Beispiel beim Mannschaftssport Fairness und Teamgeist gelernt und die „ausgiebige Bewegung fördert […] Motorik und Gesundheit“ (M 1, Z. 27/28).

2 , da sie die Intelligenz fördern (vgl. M 1, Z. 28/29).

3 Die oftmals als negativ betrachtete Langeweile, das Nichtstun, ist wertvoll für die Entwicklung von Kindern und Jugendlichen.

c) ☒ Argument 2

3. *Freizeitaktivitäten im sportlichen Bereich haben mehrere positive Auswirkungen auf Kinder und Jugendliche, da sie neben der Gesundheit auch andere Bereiche fördern.* So werden zum Beispiel beim Mannschaftssport Fairness und Teamgeist gelernt und die „ausgiebige Bewegung fördert [...] Motorik und Gesundheit" (M 1, Z. 27/28). Vielleicht sind sportliche Aktivitäten auch deshalb bei den Jugendlichen besonders beliebt. So sind es insgesamt über 60 Prozent, die täglich oder mehrmals wöchentlich Sport treiben (vgl. M 2).

4. *So könnten die Argumente formuliert sein:*
   a) Der Freizeitstress durch die vielen Termine kann zu schlechteren schulischen Leistungen führen, weil die Schüler*innen laut Simone Fleischmann wegen der Überforderung unter anderem unaufmerksam und unruhig sind (vgl. M 1, Z. 48–50). Ein Kind, das überanstrengt und müde ist, weil es am Wochenende z. B. neben einem Fußballspiel und einem Chorauftritt auch noch bei einer Geburtstagsfeier war, bekommt den vermittelten Stoff nur zum Teil mit und kann diesen daher auch nicht in Leistungsüberprüfungen abrufen.
   b) Kinder und Jugendliche lernen mehr Freunde kennen, wenn sie verschiedenen Aktivitäten nachgehen, denn sie haben dadurch unterschiedliche Kontakte. So treffen sie beispielsweise beim Handball ihre Mannschaftskolleginnen und -kollegen und beim Chor wiederum andere Kinder und Jugendliche.

Übung 35

1. *So sollten deine Markierungen von* Zusammenfassung/Fazit, eigene Position, Appell *und* Ausblick *jeweils aussehen:*
   Zusammenfassend lässt sich also feststellen, dass es zwar nachvollziehbare Argumente für ein Handyverbot an Schulen gibt, z. B. die sinkende Gefahr von Cybermobbing, aber die Gegenargumente doch deutlich überzeugender sind. Vor allem der Punkt, dass es sinnvoller ist, Kindern und Jugendlichen einen verantwortungsvollen Umgang mit dem Handy und dem Internet beizubringen, statt diesen pauschal zu verbieten, wiegt schwer. Meiner Meinung nach gehört das Smartphone heute zum Leben einfach dazu und darf daher auch nicht in der Schule verboten werden. Es macht das Leben schließlich in so vielen Bereichen einfacher. Politiker*innen und

Lehrer*innen sollten lieber mit den Schülerinnen und Schülern darüber sprechen, wie Smartphones auch den Unterricht vereinfachen und bereichern können, anstatt untereinander über ein Verbot zu diskutieren. Wenn man die Schüler*innen in die Diskussion mit einbezieht, dann lernen nicht nur die Kinder und Jugendlichen etwas dabei, sondern sicher auch die Erwachsenen.

2. *So könnte dein Schluss formuliert sein:*
   Es gibt zwar durchaus Argumente für vielfältige Freizeitaktivitäten von Kindern und Jugendlichen, allen voran natürlich die Förderung von Teamgeist, Intelligenz und Gesundheit. Allerdings überzeugen die Argumente gegen diese Art von Freizeitstress doch deutlich, denn die Erschöpfung, die schlechteren schulischen Leistungen oder die fehlende Entwicklung von Kreativität und Selbstbewusstsein fallen stark ins Gewicht. Meiner Meinung nach ist es wichtig, Freizeitaktivitäten zu haben, jedoch nicht im Übermaß. Man sollte auch noch genug Raum für die eigene Kreativität und Erholung lassen. Eltern sollten daher unbedingt darauf achten, wie es ihrem Kind geht und auch mit ihm darüber sprechen. Wenn man die Kinder in die Planungen mit einbezieht und wenn sie nicht unter Druck geraten, dann werden die Freizeitbeschäftigungen auf jeden Fall ein Zugewinn sein.

Übung 36

individuelle Bewertung des Aufsatzes; siehe auch Lösungsvorschläge zu den Übungsaufgaben im Stil der Abschlussprüfung

Wahlteil B: Textbeschreibung Lyrik

Übung 37

1.

3	Der Mann mustert die Gesichter der Menschen, schaut dann aber wieder weg.
2	Der Mann erblickt in einem Spiegel andere Menschen.
5	Der Mann steht vom Tisch auf und beginnt, vor den Fremden seinen Hut zu ziehen.
1	Ein Mann sitzt in Berlin an einem kleinen Tisch.
4	Der Mann streicht das Tischtuch glatt, schaut in sein Glas und fühlt sich einsam.

2. a) Der Mann kennt in Berlin niemanden und fühlt sich einsam.
   b) In der letzten Strophe wird der Mann aktiv: Er zieht den Hut, das bedeutet, er grüßt die Menschen in seiner Umgebung und stellt sich vor. Er will Bekanntschaften schließen, um nicht mehr allein zu sein.
   c) Der Wendepunkt befindet sich in der letzten Strophe, denn hier überwindet der Mann seine Passivität und geht einfach auf seine Mitmenschen zu, um Bekanntschaften zu schließen.

Übung 38

1. In der Aufgabenstellung werden die Aspekte Form, Metrum, Ort und Zeit und Figuren genannt.

2. Die Inhaltsangabe (Einleitung) und der Schluss (Stellungnahme, Transfer, Autorenintention) müssen ebenfalls in den Aufsatz aufgenommen werden. Auch die Beschreibung der Form des Gedichts ist so wesentlich, dass sie Teil des Aufsatzes sein sollte, selbst wenn sie nicht extra genannt worden wäre.

Übung 39

1.

Formulierung	Beispiel
In dem Gedicht (Titel), das von (Autor*in) verfasst wurde, wird (Thema) dargestellt. Das Gedicht stammt aus (vollständige Quellenangabe).	*In dem Gedicht „Sozusagen in der Fremde", das von Erich Kästner verfasst wurde, wird* die Einsamkeit in der Großstadt *dargestellt und aufgezeigt, wie man diese überwinden kann. Das Gedicht stammt aus* dem Buch „Gesang zwischen den Stühlen", das 1983 in Zürich im Atrium Verlag erschienen ist. Die Erstveröffentlichung war 1932.
In dem Gedicht (Titel) von (Autor*in) geht es um (Thema). Abgedruckt wurde das Gedicht (vollständige Quellenangabe).	*In dem Gedicht „Sozusagen in der Fremde" von Erich Kästner* geht es um die Einsamkeit in der Großstadt und darum, wie man diese überwinden kann. Abgedruckt wurde das Gedicht im Buch „Gesang zwischen den Stühlen", das 1983 in Zürich im Atrium Verlag erschienen ist. Die Erstveröffentlichung war 1932.
In dem Gedicht (Titel) von (Autor*in), das (vollständige Quellenangabe) erschienen ist, wird (Thema) beschrieben.	In dem Gedicht „Sozusagen in der Fremde" von Erich Kästner, das 1983 im Buch „Gesang zwischen den Stühlen" im Atrium Verlag in Zürich erschienen ist (Erstveröffentlichung 1932), wird die Einsamkeit in der Großstadt beschrieben und aufgezeigt, wie man diese überwinden kann.

2. Ein Mann sitzt in Berlin in einem Lokal allein an einem Tisch. Obwohl viele Menschen um ihn herum sind, fühlt er sich einsam, beschließt letztlich, diese Einsamkeit zu überwinden und stellt sich den anderen Gästen vor.

Hinweis: *In der Inhaltsangabe, die nur als Einleitung dient, wird auf zu genaue Informationen, wie z. B. das Wegschauen, den Spiegel oder das Glattstreichen des Tischtuchs, verzichtet. Der Ort des Geschehens ist aufgrund der Hinweise im Gedicht vermutlich ein Café, das neutralere Wort „Lokal" passt daher ganz sicher.*

Übung 40

1. Das Gedicht besteht aus fünf Strophen mit jeweils fünf Versen.
2. In „Sozusagen in der Fremde“ lässt sich folgendes Reimschema erkennen: abaab. Dieses erinnert an einen Kreuzreim (abab) mit einem zusätzlich eingeschobenen Vers.
3. In der ersten Strophe findet sich ein unreiner Reim: Die Wörter „Tisch“ und „Plüsch“ klingen nur annähernd gleich.
4. Das Gedicht „Sozusagen in der Fremde“ besteht aus fünf Strophen mit jeweils fünf Versen. Ein durchgängiges Reimschema ist erkennbar: abaab. Dieses erinnert an einen Kreuzreim mit einem zusätzlich eingeschobenen Vers. In der ersten Strophe findet sich als Besonderheit ein unreiner Reim, da die Wörter „Tisch“ und „Plüsch“ nur annähernd gleich klingen.

Übung 41

1. a)

Der Abend wiegte schon die Erde,	xXxXxXxXx
Und an den Bergen hing die Nacht;	xXxXxXxX
Metrum: Jambus	

b)

Heute hier, morgen dort,	xxXxxX
bin kaum da, muss ich fort,	xxXxxX
hab mich niemals deswegen beklagt.	xxXxxXxxX
Metrum: Anapäst	

c)

Seht! wie die Tage sich sonnig verklären!	XxxXxxXxxXx
Blau ist der Himmel und grünend das Land.	XxxXxxXxxX
Klag' ist ein Misston im Chore der Sphären!	XxxXxxXxxXx
Trägt denn die Schöpfung ein Trauergewand?	XxxXxxXxxX
Metrum: Daktylus	

d)

Grausame, gräuliche,	XxxXxx
Fürchtlich-abscheuliche	XxxXxx
Diebische Nacht,	XxxX
Welche den mutigen,	XxxXxx
Menschenmord-blutigen,	XxxXxx
Mörder- und Räubern,	XxxXx

	Hexen und Zaubern,	XxxXx
	Sicherheit macht	XxxX
	Metrum: Daktylus	
e)	*Hat der alte Hexenmeister*	XxXxXxXx
	Sich doch einmal wegbegeben!	XxXxXxXx
	Und nun sollen seine Geister	XxXxXxXx
	Auch nach meinem Willen Leben!	XxXxXxXx
	Metrum: Trochäus	

2.	*Er saß in der großen Stadt Berlin*	xXxxXxXxX
	an einem kleinen Tisch.	xXxXxX
	Die Stadt war groß, auch ohne ihn.	xXxXxXxX
	Er war nicht nötig, wie es schien.	xXxXxXxX
	Und rund um ihn war Plüsch.	xXxXxX
	Die Leute saßen zum Greifen nah,	xXxXxxXxX
	und er war doch allein.	xXxXxX
	Und in dem Spiegel, in den er sah,	xXxXxxXxX
	saßen sie alle noch einmal da,	XxxXxxXxX
	als müsse das so sein.	xXxXxX
	Der Saal war blaß vor lauter Licht.	xXxXxXxX
	Es roch nach Parfüm und Gebäck.	xXxxXxxX
	Er blickte ernst von Gesicht zu Gesicht.	xXxXxxXxxX
	Was er da sah, gefiel ihm nicht.	xXxXxXxX
	Er schaute traurig weg.	xXxXxX
	Er strich das weiße Tischtuch glatt	xXxXxXxX
	und blickte in das Glas.	xXxXxX
	Fast hatte er das Leben satt.	xXxXxXxX
	Was wollte er in dieser Stadt,	xXxXxXxX
	in der er einsam saß?	xXxXxX
	Da stand er, in der Stadt Berlin,	xXxXxXxX
	auf von dem kleinen Tisch.	xXxXxX
	Keiner der Menschen kannte ihn.	XxxXxXxX
	Da fing er an, den Hut zu ziehn!	xXxXxXxX
	Not macht erfinderisch.	XXxXxX

Quelle: Erich Kästner: Sozusagen in der Fremde. In: Gesang zwischen den Stühlen. (Kästner für Erwachsene, Ausgewählte Schriften, Bd. 1), Zürich: Atrium Verlag 1983. (Erstveröffentlichung 1932)

3. Es ist kein ganz durchgängiges Metrum erkennbar, jedoch überwiegt deutlich der Jambus, da nahezu alle Verse mit einer unbetonten Silbe beginnen und meist ein regelmäßiger Wechsel von betonter und unbetonter Silbe vorliegt. In einigen Versen werden weitere unbetonte Silben eingefügt, z. B. in Strophe 1, Vers 1 oder Strophe 2, Verse 1, 3 und 4. Nur im letzten Vers, in dem auch die „Moral“ des Gedichtes zu finden ist, beginnt der Vers mit einer betonten Silbe.

Übung 42

1. Es geht um einen Mann, der einsam ist und schließlich versucht, jemanden kennenzulernen.

2.

Fragen	Stichpunkte
Welche Eckdaten erfährt man über die Hauptfigur? (Steckbrief: Geschlecht, Alter, Aussehen, Wohnort …)	• Geschlecht: männlich • vermutlicher Wohnort: Berlin • weitere Eckdaten sind unbekannt
In welcher Beziehung steht die Hauptfigur zu den anderen Menschen? (Beziehung)	keine Beziehung zu anderen Menschen; alle sind ihm fremd
Wie entwickelt sich die Hauptfigur im Laufe des Gedichts? (Entwicklung)	• anfangs fühlt er sich fremd und einsam, weshalb er traurig ist • am Ende scheint er voller Tatendrang, um aus seiner Notlage (der Einsamkeit) herauszukommen
Warum handelt die Figur am Ende des Gedichts? (Handlungsmotiv)	er möchte seine Situation ändern und nicht mehr einsam sein

3. Die Hauptfigur und auch die einzige explizit erwähnte Figur ist der Mann, der zunächst einsam ist und schließlich versucht, Leute kennenzulernen. Er wohnt möglicherweise in Berlin, da er dort Anschluss sucht (vgl. V. 1). Über Äußerlichkeiten oder die Lebenssituation des Mannes erfährt man nichts. Es ist aber anzunehmen, dass er mittleren Alters ist, da er sich traut, den ersten Schritt zu machen und nicht eingeschüchtert ist. Außerdem be-

sucht er allein ein Lokal, was wahrscheinlich nur wenige sehr junge Menschen tun würden. Die anderen Menschen in dem Lokal sind ihm fremd und er fühlt sich anfangs „einsam“ (V. 20) und ist deprimiert, denn „[f]ast hatte er das Leben satt“ (V. 18). Am Ende scheint er jedoch voller Tatendrang zu sein, um sich aus seiner „Not“ (V. 25) zu befreien. Er wird aktiv, indem er anfängt, „den Hut zu ziehn“ (V. 24), und somit auf die fremden Menschen zugeht und sie mit der früher üblichen Geste des Hutziehens begrüßt. Auch ist er sehr „erfinderisch“ (V. 25), wie es in der letzten Strophe heißt. So scheint er im Grunde doch ein optimistischer und aktiver Mensch zu sein, der Probleme lösen will und nicht in Selbstmitleid versinkt.

Übung 43

1. ☒ Über die Hauptfigur wird in der 3. Person gesprochen.
   ☒ Der lyrische Sprecher beobachtet die Situation von außen, kennt aber auch die Gefühle des Mannes.

2. Durch die Perspektive von außen und die Beschreibung in der 3. Person wirkt es zum einen so, als sei der lyrische Sprecher selbst ein Fremder, der die Situation nur zufällig beobachtet. Da ihm aber auch das Innenleben des Mannes bekannt ist, wird andererseits wiederum eine gewisse Nähe erzeugt. Dadurch können sich die Leser*innen trotz einer gewissen Distanz in die Situation des Mannes hineinversetzen. Er ist damit nicht wirklich, sondern nur „sozusagen“ fremd.

Übung 44

1. Die Handlung spielt in Berlin, höchstwahrscheinlich in einem Café oder Restaurant, da die Hauptfigur „an einem kleinen Tisch“ (V. 2) mit „weiße[m] Tischtuch“ (V. 16) sitzt. Der Geruch nach Gebäck stammt evtl. von den Speisen im Lokal und das Parfüm von den Gästen (vgl. V. 12). Mit dem „Plüsch“ (V. 5) könnte der Stoffbezug einer Sitzbank, eines Sessels oder der darauf liegenden Kissen in einem Café gemeint sein.

2. Wahrscheinlich findet das Geschehen am Abend statt, da „Licht“ (V. 11) erwähnt wird. Dieses ist vermutlich eingeschaltet, weil es draußen dunkel ist.

Übung 45

1.

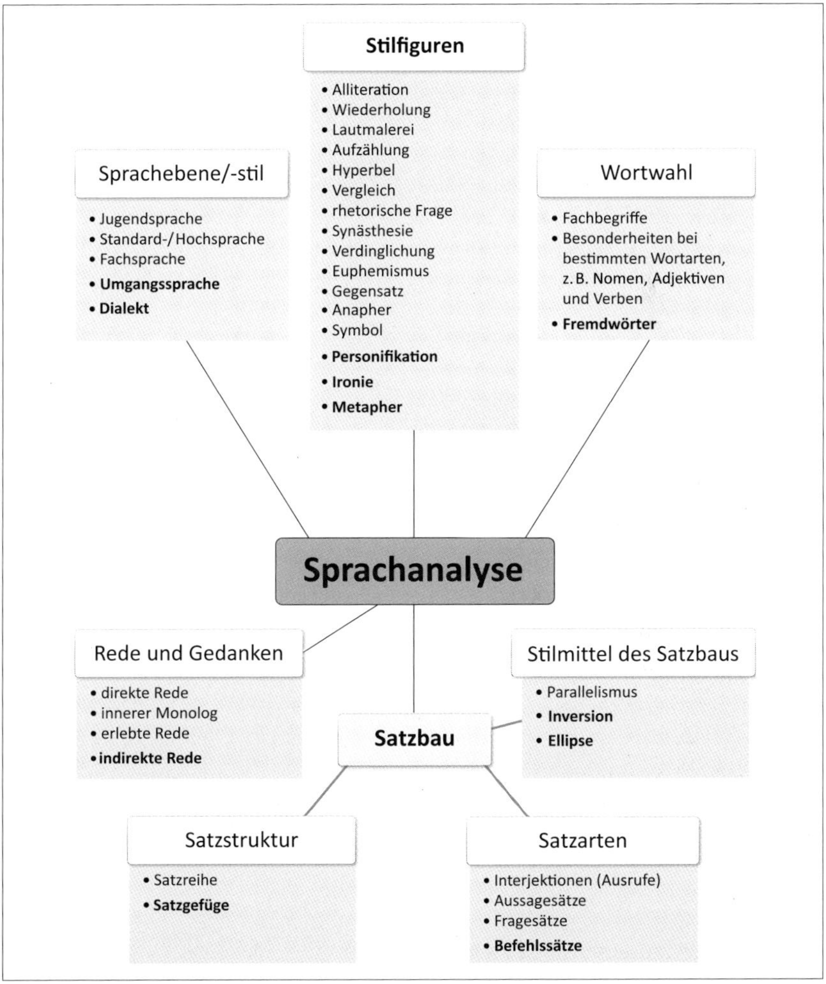

2.

Beispiel	Stilmittel
rot wie Blut	Vergleich
Kopf hoch!	Ellipse
kaltes Schweigen	Synästhesie
still und starr	Alliteration

stummer Schrei	Alliteration und Gegensatz
Er bringt mich auf die Palme.	Metapher
am Fuß des Berges	Metapher
Der Tornado wütet.	Personifikation
Ich habe es dir tausendmal gesagt!	Hyperbel
Noch träumen Wald und Wiesen.	Personifikation & Alliteration
Wer glaubt das schon?	Rhetorische Frage
Er schaut nicht in die Felsenriffe, *Er schaut nur hinauf in die Höh'.*	Anapher

3.

Zitat	Stilfigur	Deutung/Wirkung
Und rund um ihn war Plüsch.	Rhetorische Frage	Durch die Umstellung des Satzes, bei dem „von dem kleinen Tisch" nach hinten verschoben wurde, werden sowohl die aktive Tätigkeit des Aufstehens als auch der kleine Tisch besonders hervorgehoben.
Was wollte er in dieser Stadt, / in der er einsam saß?	Inversion	Diese Frage ist nicht ernst gemeint, da sie keiner Antwort bedarf. Vielmehr soll sie ausdrücken, dass die Hauptfigur des Gedichts das Gefühl hat, sie habe in der Großstadt eigentlich nichts verloren und sollte möglicherweise die Stadt verlassen.
Da stand er, in der Stadt Berlin, / auf von dem kleinen Tisch.	Symbol	Das Wort „Plüsch" gehört eigentlich in den Bereich der Stoffe und Polster. Es bezeichnet etwas Weiches, Kuscheliges, das Geborgenheit vermittelt, wie etwa ein Plüschbär. Hier ist es sowohl eine Anspielung auf die gepolsterten Sitze des Cafés als auch ein Zeichen für die Gemütlichkeit und das Sich-Wohlfühlen – Gefühle also, welche die anderen Cafébesucher empfinden, nicht aber der Mann.

4. Bereits in der ersten Strophe wird das zentrale Thema des Gedichts deutlich: die Einsamkeit in der Großstadt. Der Gegensatz zwischen der „großen Stadt“ (V. 1) und dem „kleinen Tisch“ (V. 2), an dem der Mann sitzt, betont die Widersprüchlichkeit in der Tatsache, dass sich die Bewohner*innen einer Großstadt, die voller Menschen ist, häufig einsam fühlen. Das Wort „Plüsch“ (V. 5) am Ende der ersten Strophe ist symbolisch zu verstehen. Es gehört eigentlich in den Bereich der Stoffe und Polster und bezeichnet etwas Weiches, Kuscheliges, das Geborgenheit vermittelt, wie etwa ein Plüschbär. Hier ist es sowohl eine Anspielung auf die gepolsterten Sitze des Cafés als auch ein Zeichen für die Gemütlichkeit und das Sich-Wohlfühlen – Gefühle also, welche die anderen Cafébesucher empfinden, nicht aber der Mann.
   Als sich der Mann im Café umsieht, stimmt ihn alles, was er wahrnimmt, offenbar immer trauriger (vgl. V. 6–15). Dennoch scheint er noch nicht ganz aufgegeben zu haben, was die Inversion „Fast hatte er das Leben satt.“ (V. 18), bei der das Wort „[f]ast“ an den Anfang des Satzes gestellt und damit betont wird, verdeutlicht. Auch das Glattstreichen des Tischtuchs (vgl. V. 16) deutet darauf hin, da es nicht passiv, sondern eher energisch wirkt. Die trüben Gedanken lassen den Mann jedoch nicht los, denn er stellt sich die rhetorische Frage: „Was wollte er in dieser Stadt, / in der er einsam saß?“ (V. 19/20) Die Frage bedarf keiner Antwort. Vielmehr soll sie ausdrücken, dass die Hauptfigur des Gedichts das Gefühl hat, sie habe in der Großstadt eigentlich nichts verloren und sollte möglicherweise die Stadt verlassen.
   Der Mann beschließt in der letzten Strophe, etwas an seiner Lage zu ändern und zu handeln. Die Inversion „Da stand er, in der Stadt Berlin, / auf von dem kleinen Tisch.“ (V. 21/22) hebt durch die Umstellung des Satzes, bei der „von dem kleinen Tisch“ nach hinten verschoben wurde, sowohl die aktive Tätigkeit des Aufstehens als auch den Tisch besonders hervor. Der Mann steht von dem kleinen Tisch auf, an dem er zuvor allein gesessen ist, und beginnt, vor den noch unbekannten Menschen (vgl. V. 23) seinen „Hut zu ziehn!“ (V. 24), sich also vorzustellen. Dass diese Handlung von großer Bedeutung ist und einen Wendepunkt markiert, zeigt sich darin, dass der Aussagesatz nicht mit einem Punkt endet, wie es üblich wäre, sondern mit einem Ausrufezeichen.

Übung 46

1.

Sozusagen in der Fremde	Atmosphäre
Er saß in der großen Stadt Berlin an einem kleinen Tisch. Die Stadt war groß, auch ohne ihn. Er war nicht nötig, wie es schien. Und rund um ihn war Plüsch.	fühlt sich klein und unbedeutend
Die Leute saßen zum Greifen nah, und er war doch allein. Und in dem Spiegel, in den er sah, saßen sie alle noch einmal da, als müsse das so sein.	allein unter Menschen
Der Saal war blaß vor lauter Licht. Es roch nach Parfüm und Gebäck. Er blickte ernst von Gesicht zu Gesicht. Was er da sah, gefiel ihm nicht. Er schaute traurig weg.	ernst, traurig
Er strich das weiße Tischtuch glatt und blickte in das Glas. Fast hatte er das Leben satt. Was wollte er in dieser Stadt, in der er einsam saß?	des Lebens müde, verzweifelt
Da stand er, in der Stadt Berlin, auf von dem kleinen Tisch. Keiner der Menschen kannte ihn. Da fing er an, den Hut zu ziehn! Not macht erfinderisch.	voller Tatendrang, neue Zuversicht

Quelle: Erich Kästner: Sozusagen in der Fremde. In: Gesang zwischen den Stühlen. (Kästner für Erwachsene, Ausgewählte Schriften, Bd. 1), Zürich: Atrium Verlag 1983. (Erstveröffentlichung 1932)

2. Die Atmosphäre in „Sozusagen in der Fremde“ entspricht den Gefühlen der Hauptfigur und verändert sich mit diesen im Laufe des Gedichts. Zu Beginn ist sie gedrückt, da sich der Mann in der großen Stadt Berlin klein und unbedeutend fühlt. Er ist einsam, obwohl viele Menschen um ihn herum sind – sowohl in dem Café, in dem er gerade sitzt, als auch in der Stadt an sich (vgl. Strophe 2). In der dritten Strophe wirkt der Mann zunächst ernst und dann traurig. Die negativen Gefühle steigern sich in der

vierten Strophe sogar noch. Die Stimmung des Mannes und somit auch die im Gedicht ist auf dem Tiefpunkt: Der Mann scheint verzweifelt und des Lebens müde zu sein. Doch in der letzten Strophe schlägt die Stimmung überraschend zum Positiven um: Der Mann schöpft neue Zuversicht und beginnt, voller Tatendrang etwas an seiner Einsamkeit zu ändern, indem er sich den anderen Gästen im Café vorstellt. Auch wenn man nicht erfährt, ob der Mann damit Erfolg hat, endet das Gedicht voller Hoffnung.

Übung 47

- *Beim ersten Lesen des Titels ahnt man bereits, dass* es um ein Erlebnis in der Fremde geht.
- *Dies bestätigt sich* auch, wenn man das Gedicht gelesen hat.
- *Der Titel des Gedichts lenkt den Blick der Leser*innen also gleich* auf den zentralen Aspekt: das Fremdheitsgefühl und die Anonymität in einer Großstadt.

Übung 48

Erich Kästner lebte selbst in Berlin und kannte sich sicherlich mit dem Alltagsleben und dem Verhalten der Menschen in Restaurants oder Cafés aus. Typisch für Kästners Gedichte ist, dass sie sich mit alltäglichen Problemen ganz normaler Leute beschäftigen – so wie hier mit der Einsamkeit des Mannes in der fremden Stadt. Kästner vermittelt diese Inhalte oft auf humorvolle Art. So auch in diesem Gedicht: Der Mann zieht seinen Hut, macht das Beste aus seiner Situation und bringt die Leser*innen zum Schmunzeln.

Übung 49

1.

	Fragen	Stichpunkte
persönliche Stellungnahme	Was spricht dich am Gedicht an (inhaltlich, bezüglich Form, Stil usw.)?	*individuelle Lösung*
	Gibt es etwas, das dich irritiert oder nachdenklich stimmt?	*individuelle Lösung*

	Aus welchem Grund findest du das Gedicht gelungen (oder auch nicht)?	*individuelle Lösung*
Transfer	Hast du selbst schon etwas Vergleichbares erlebt oder beobachtet?	*individuelle Lösung*
	Kannst du die dargestellte Situation auf andere Lebensbereiche übertragen?	• Umzug aus beruflichen Gründen • Fremdheitsgefühl nach einem Schulwechsel • neu in einem Verein
	Wie würdest du dich in der Situation der Hauptfigur verhalten?	*individuelle Lösung*
	Inwiefern ist das Geschehen/ Thema heute noch aktuell?	• Großteil der deutschen Bevölkerung lebt heutzutage in Städten • Menschen sind heutzutage immer öfter dazu gezwungen, wegen einer Arbeitsstelle in eine andere Stadt zu ziehen, wo sie kaum jemanden kennen • das Thema der Einsamkeit und Fremdheit in Großstädten ist aktueller denn je
mögliche Absicht des Autors	Welches Problem/ Thema behandelt der Autor?	• die Bewohner*innen von Großstädten sind sich fremd • Großstädter*innen sind daher oft einsam
	Erkennt man die Einstellung des Autors zum Thema? Wenn ja, woran?	lediglich Vermutung möglich

	Welche Absicht könnte der Autor mit dem Gedicht verfolgen?	• will auf das Problem aufmerksam machen • möchte evtl. eigene Erfahrungen verarbeiten • will Menschen dazu animieren, etwas gegen die Fremdheit und Einsamkeit in Großstädten zu unternehmen

2. Erich Kästner beschreibt in seinem Gedicht die Einsamkeit der Menschen in der Großstadt, in der man viel anonymer lebt als auf dem Land. Er möchte daher vielleicht auf das Problem aufmerksam machen, dass sich die Bewohner*innen von Großstädten oft fremd sind und sie daher auch einsam sein können. Gleichzeitig will er möglicherweise dazu anregen, die Situation – ebenso wie der Mann im Gedicht – selbst in die Hand zu nehmen, auf andere zuzugehen und so die Einsamkeit zu überwinden. *(mögliche Absicht des Autors)*
   Das Gedicht ist auch heute noch aktuell, da z. B. viele Menschen aus beruflichen Gründen in eine ihnen noch fremde Stadt ziehen und dort sicherlich ähnliche Situationen erleben. Es kommt immer wieder vor, dass man nur von Fremden umgeben ist, zum Beispiel wenn man die Schule wechselt oder in einem Verein neu anfängt. Dann kennt man niemanden und fühlt sich einsam, obwohl viele Menschen um einen herum sind. *(Transfer)*
   Mich spricht das Gedicht vor allem deswegen an, weil die ganze Geschichte trotz des deprimierenden Anfangs positiv endet. Ich weiß allerdings nicht, ob ich in der Situation den Mut hätte, von mir aus den ersten Schritt zu machen. Der Ausgang des Gedichts macht mir aber Hoffnung auf positive Begegnungen, sollte ich einmal in eine ähnliche Situation kommen. *(persönliche Stellungnahme)*

Übung 50

individuelle Bewertung des Aufsatzes; siehe auch Lösungsvorschläge zu den Übungsaufgaben im Stil der Abschlussprüfung

Wahlteil B: Textbeschreibung Prosa

Übung 51

1. *individuelle Lösung*

2. a) Der Satz „Doch da kommt ihm ein Zweifel“ (Z. 4) bedeutet hier, dass …

   ☒ der Mann sich plötzlich nicht mehr ganz sicher ist.

   b) Der Teilsatz „vielleicht war die Eile nur vorgeschützt“ (Z. 6/7) bedeutet, dass …

   ☒ der Nachbar vielleicht nur so getan hat, als ob er es eilig gehabt hätte.

   c) Die Handlung dieser Kurzgeschichte …

   ☒ dauert nur wenige Minuten oder Momente.

   d) Der Abschnitt von Zeile 4 bis 14 …

   ☒ enthält die Gedanken des Mannes, der einen Hammer braucht.

   e) In den Zeilen 1 bis 3 und 15 bis 17 spricht …

   ☒ ein Er-Erzähler.

   f) Der Mann in der vorliegenden Geschichte …

   ☒ hält sich selbst für hilfsbereit, dem Nachbarn aber unterstellt er Unfreundlichkeit und Geiz.

   g) Am Ende der Geschichte schreit der Mann seinen Nachbarn an: „Behalten Sie sich Ihren Hammer, Sie Rüpel!“ (Z. 16/17) Er beschimpft ihn, weil …

   ☒ er sich in seine Unterstellungen so hineingesteigert hat, dass er sie für wahr hält, obwohl er den Nachbarn noch nicht einmal nach dem Hammer gefragt hat.

Übung 52

1. In der Aufgabenstellung werden die Aspekte Aufbau, Figuren/Figurenkonstellation, Erzählperspektive sowie Sprache und Stil genannt.

2. Die Inhaltsangabe (Einleitung) und der Schluss (Stellungnahme, Transfer, Autorenintention) müssen ebenfalls in den Aufsatz aufgenommen werden.

Übung 53

1.

Formulierung	Beispiel
In der Kurzgeschichte (Titel), die von (Autor*in) verfasst wurde, wird aufgezeigt (Thema). Der Text stammt aus (vollständige Quellenangabe).	*In der Kurzgeschichte „Die Geschichte mit dem Hammer", die von Paul Watzlawick verfasst wurde, wird aufgezeigt,* wie sich jemand in etwas hineinsteigert und wie dies zu einer Überreaktion führen kann. *Der Text stammt aus* Paul Watzlawicks Buch mit dem Titel „Anleitung zum Unglücklichsein", das 2005 in München im Piper Verlag erschienen ist. Die Erstveröffentlichung war bereits 1983.
In der Kurzgeschichte (Titel) von (Autor*in) geht es um (Thema). Abgedruckt wurde der Text (vollständige Quellenangabe).	*In der Kurzgeschichte „Die Geschichte mit dem Hammer" von Paul Watzlawick geht es um* eine unnötige Überreaktion, die entsteht, weil sich jemand in seine negativen Gedanken hineinsteigert. Abgedruckt wurde der Text in Paul Watzlawicks Buch „Anleitung zum Unglücklichsein", das 2005 in München im Piper Verlag erschienen ist. Die Erstveröffentlichung war bereits 1983.

2. *Folgende Formulierungen könntest du ausgewählt haben:*

- [x] Ein Mann benötigt zum Aufhängen eines Bildes einen Hammer, diesen will er sich von seinem Nachbarn ausleihen.
- [x] Doch bevor es dazu kommen kann, redet der Mann sich ein, dass der Nachbar etwas gegen ihn habe und ihm den Hammer verweigern werde.
- [x] Er stürmt schließlich voller Zorn zum ahnungslosen Nachbarn hinüber, schreit ihn an und beschimpft ihn, obwohl der Nachbar gar nichts gesagt oder getan hat.

3. Paul Watzlawicks Kurzgeschichte „Die Geschichte mit dem Hammer“ befasst sich mit einer Überreaktion, die durch das Hineinsteigern in negative Gedanken entsteht. Veröffentlicht wurde sie 2005 in Paul Watzlawicks Buch mit dem Titel „Anleitung zum Unglücklichsein“ in München im Piper Verlag. Die Erstveröffentlichung war 1983.
   Ein Mann benötigt zum Aufhängen eines Bildes einen Hammer, diesen will er sich von seinem Nachbarn ausleihen. Doch bevor es dazu kommen kann, redet der Mann sich ein, dass der Nachbar etwas gegen ihn habe und ihm den Hammer verweigern werde. Er stürmt schließlich voller Zorn zu dem ahnungslosen Nachbarn hinüber, schreit ihn an und beschimpft ihn, obwohl der Nachbar gar nichts gesagt oder getan hat.

Übung 54

1. *Folgende Sätze solltest du grün unterstrichen haben (äußere Handlung):*
   „Den Nagel hat er, nicht aber den Hammer. Der Nachbar hat einen.“ (Z. 1/2); „Und so stürmt er hinüber, läutet, der Nachbar öffnet, doch noch bevor er ‚guten Tag‘ sagen kann, schreit ihn unser Mann an: ‚Behalten Sie sich Ihren Hammer, Sie Rüpel!‘“ (Z. 15–17)
   Alles andere musst du rot unterstreichen (innere Handlung).

2. Der Text lässt sich in vier Sinnabschnitte gliedern: In Teil 1 (**Z. 1–4**) ist der Mann zunächst noch frei von Misstrauen, bis ihm erste Zweifel kommen. Teil 2 (**Z. 4–8**) zeigt einen ersten **Wendepunkt** im Geschehen und beschreibt die noch vagen Zweifel des Mannes. In Teil 3 (**Z. 8–14**) betont er seine eigene Hilfsbereitschaft und steigert sich immer mehr in seine Wut auf den Nachbarn hinein. Die Spannung ist hier besonders groß, da man als Leser*in bei den Worten „Jetzt reicht's mir wirklich“ (**Z. 14**) schon ahnt, dass der Mann nun eine unüberlegte und unangebrachte Handlung begehen wird. Der Mann hat sich so weit in sein grundloses **Misstrauen** hineingesteigert, dass es schließlich im vierten Abschnitt (**Z. 15–17**) zum Eklat mit dem Nachbarn und zum **Höhepunkt** kommt; hier wird der Mann aktiv und handelt. Mit der Beschimpfung des Nachbarn als „Rüpel“ (**Z. 17**) bricht die Handlung einfach ab, ohne dass man erfährt, wie der Nachbar auf diese verbale Attacke reagiert. Das Ende der Geschichte bleibt somit offen.

Übung 55

1.

Textsortenmerkmale	konkrete Erscheinung im Text
geringer Umfang (1– 6 Seiten)	Handlung beschränkt sich auf die Situation des Mannes, sich einen Hammer ausleihen zu wollen
ausschnitthafte Erzählung: unmittelbarer Anfang und offener Schluss	umfasst nur 17 Zeilen
Konzentration auf das Wesentliche (knapp und ohne Nebenhandlungen)	unmittelbarer Anfang: keine Vorstellung der handelnden Figuren; keine Angaben zu Alter, Namen, Aussehen offener Schluss: Ausgang unbekannt, z. B. Reaktion des Nachbarn
Thema: alltägliche, aber bedeutsame Situation (Konflikt)	kurze Sätze und Satzreihen: Z. 1/2, Z. 4–8 etc.
wenige und alltägliche Personen (keine Helden)	zwei alltägliche Personen ohne Besonderheiten: ein Mann und sein Nachbar
meist nur ein Handlungsort; erzählte Zeit: kurze Zeitspanne	zwei Wendepunkte: 1. erste Zweifel entstehen (vgl. Z. 4) 2. Der Mann handelt und stürmt zum Nachbarn (vgl. Z. 15–17) = Höhepunkt
Alltagssprache (kurze und einfache Sätze)	Alltagssituation („ein Bild aufhängen“, Z. 1); ist aber bedeutsam, da sie für den Mann emotional aufwühlend ist (emotionaler Konflikt)
enthält einen Wendepunkt (= meist auch Höhepunkt)	Ort: Wohnung/Haus des Mannes, vor der Haustür des Nachbarn erzählte Zeit: wenige Minuten

2. Die „Geschichte mit dem Hammer“ weist alle typischen Merkmale einer Kurzgeschichte auf. Zunächst ist der unmittelbare Einstieg zu nennen: Bis auf die Tatsache, dass der Mann ein Bild aufhängen möchte und dafür keinen Hammer hat, erhält man keinerlei Informationen, zum Beispiel über Handlungsort und -zeit, das Alter, die familiäre Situation oder das Bild des Mannes. Trotz der Absurdität der Vorurteile wird deutlich, dass es sich um eine alltägliche Situation mit alltäglichen Figuren handelt, wie es für eine Kurzgeschichte typisch ist. Die kurzen Sätze und Satzreihen verdeutlichen, dass es sich um Alltagssprache handelt – ebenfalls ein Kennzeichen der Kurzgeschichte. Außer den beiden Nachbarn sind keine weiteren Personen Teil der Handlung. Man kann davon ausgehen, dass die beiden in einem Mehrfamilienhaus wohnen, denn der dargestellte Weg zum Nachbarn (vgl. Z. 15–17) scheint sehr kurz zu sein. Das Auftauchen des Mannes an der Tür des Nachbarn stellt den Höhepunkt der Geschichte dar. Die Dauer des gesamten Geschehens beschränkt sich auf wenige Minuten. Diese Beschränkung von Ort, Zeit und Personenzahl entspricht, genauso wie der geringe Umfang von nur 17 Zeilen und der offene Schluss, den typischen Merkmalen einer Kurzgeschichte.

Übung 56

1. Hauptfigur (Protagonist): der Mann ohne Hammer; Nebenfigur: Nachbar
2.

Charaktereigenschaften	Textbelege mit Zitat und Zeilenangabe
hält sich selbst für hilfsbereit und freundlich	„Wenn jemand von mir ein Werkzeug borgen wollte, ich gäbe es ihm sofort.“ (Z. 8/9)
ist unfreundlich	„schreit ihn unser Mann an“ (Z. 16)
neigt zu Aggressivität	„Und so stürmt er hinüber […].“ (Z. 15), „[…] Sie Rüpel!“ (Z. 17)
besitzt evtl. wenig Kontakt zu anderen Menschen und misst daher einem flüchtigen Gruß zu viel Bedeutung bei	„Gestern schon grüßte er mich nur so flüchtig […] er hat etwas gegen mich.“ (Z. 5–7)

zweifelt an seinem Selbstwert	„Doch da kommt ihm ein Zweifel" (Z. 4); „[...] und er hat etwas gegen mich. Und was?" (Z. 7)
ist anderen Menschen gegenüber misstrauisch und steigert sich in dieses Misstrauen hinein	„Aber vielleicht war die Eile nur vorgeschützt und er hat etwas gegen mich." (Z. 6/7); „Ich habe ihm nichts angetan; der bildet sich da etwas ein." (Z. 8)
fürchtet sich vor Zurückweisung	„Was, wenn der Nachbar mir den Hammer nicht leihen will?" (Z. 4/5)

3. Im Text tauchen nur zwei Personen auf: Der Mann ohne Hammer, der auch der Protagonist ist, sowie dessen Nachbar. Im Verlauf des Textes steigert sich die negative Einstellung des Mannes seinem Nachbarn gegenüber immer mehr: Während er zunächst noch entschlossen ist, sich den Hammer von seinem Nachbarn auszuborgen (vgl. Z. 2/3), kommt ihm plötzlich „ein Zweifel" (Z. 4): Er erinnert sich an eine Situation, in der ihn der Nachbar nur beiläufig grüßte (vgl. Z. 5/6), und fängt dann an, diese belanglose Szene in ihrer Bedeutung aufzubauschen, bis er schließlich zu dem Schluss kommt, der Nachbar müsse ihm feindlich gesinnt sein (vgl. Z. 7). Eine andere Erklärung – dass der Nachbar tatsächlich in Eile gewesen sein könnte – verwirft er dagegen sofort (vgl. Z. 6/7). Bereits an dieser Stelle wird deutlich, dass der Mann ohne Hammer offenbar an seinem Selbstwert zweifelt. Nun wendet sich der Mann gedanklich seinem eigenen Verhalten zu: Er selbst könnte niemals einem Mitmenschen eine Bitte abschlagen (vgl. Z. 8–11). Er hält sich also für hilfsbereit und freundlich, bedenkt aber gar nicht, dass sein momentanes Verhalten nicht dazu passt. Denn er lässt völlig außer Acht, dass er die Reaktion seines Nachbarn ja noch gar nicht erfahren hat und diesem Unrecht tut. Er rechnet nicht mit dessen Hilfsbereitschaft, fürchtet sich wohl auch vor Zurückweisung und erkennt nicht, dass er sich in sein Misstrauen hineinsteigert. Schließlich behauptet er sogar, dass der Nachbar derjenige sei, der sich etwas einbilde (vgl. Z. 12/13). Ab Z. 12 wird deutlich, dass sich sein Misstrauen endgültig in hasserfüllten Ärger verwandelt: Er unterstellt dem Nachbarn in Gedanken, dass dieser – allein durch den Besitz des Hammers – seine Macht ausnutzen wolle: „Und dann bildet er sich noch ein, ich sei auf ihn angewiesen." (Z. 12/13) Völlig gefangen in seinem vorgefertigten Bild vom bösen Nachbarn klingelt er an dessen Tür und beschimpft diesen sogar als „Rüpel"

(Z. 17). Dass der erschrockene Nachbar nicht im Geringsten weiß, wie ihm geschieht, entgeht dem Mann, der seine Vorstellungen mittlerweile für Realität hält. Es scheint ihn folglich auch nicht zu interessieren, was sein Nachbar empfindet. Die Eskalation des Vorurteils hat nun ihren Höhepunkt erreicht. Offenbar wird der Mann von ausgeprägten Selbstzweifeln geplagt und neigt zu einer gewissen Aggressivität, sonst würde er wohl nicht so extrem reagieren. Möglicherweise hat er zu wenig Kontakt zu seinen Mitmenschen und misst daher einem flüchtigen Gruß übermäßig viel Bedeutung bei.

4. a) ☒ Die Männer kennen sich nur flüchtig.
   ☒ Der Nachbar grüßt den Mann, wenn er ihn sieht.
   ☒ Der Mann war dem Nachbarn gegenüber bisher eher positiv eingestellt.

   b) Über das Verhältnis zwischen den beiden Figuren lassen sich lediglich Vermutungen anstellen. Denn über den Nachbarn weiß man nur, dass er den Mann einmal flüchtig gegrüßt hat (vgl. Z. 5/6). Als der Mann vor der Tür des Nachbarn steht, erfährt man aus dem Nebensatz „doch noch bevor er ‚guten Tag' sagen kann" (Z. 15/16), dass er wohl in gewohnt freundlicher Weise grüßen wollte und dass die Theorien des Mannes wahrscheinlich in keinster Weise zutreffen. Die beiden Männer scheinen sich nur flüchtig zu kennen und kein besonderes Verhältnis zueinander zu haben. Zu Beginn der Geschichte wirkt es sogar eher positiv, denn der Mann beschließt ja, sich bei diesem Nachbarn einen Hammer auszuleihen. Zukünftig wird das Verhältnis jedoch sicherlich durch das merkwürdige und unangebrachte Verhalten des Mannes getrübt sein.

Übung 57

1.

Der Erzähler hat eine eingeschränkte Perspektive und kann über andere Personen nur Vermutungen anstellen.	**P/I**
Erzählt wird in der 1. Person Singular.	**I**
Die Erzählperspektive ist auf die Perspektive einer Figur beschränkt. Diese ist an der Handlung beteiligt, ist also eine Figur der erzählten Handlung.	**P/I**
Der Erzähler beschreibt nur, wie die Figuren handeln.	**N**
Die Leser*innen betrachten die dargestellte Welt durch die Augen einer der handelnden Figuren. Dadurch wird der Eindruck der Unmittelbarkeit erweckt.	**P/I**
Die Leser*innen nehmen unmittelbar an Gedanken, Gefühlen, Handlungen des Erzählers Anteil.	**P/I**
Der Erzähler steht außerhalb des Textgeschehens, nimmt also nicht am Geschehen teil. Er kann jedoch die Handlung kommentieren.	**A**
Der Erzähler überschaut den gesamten Handlungsverlauf, kann vorausschauen und in Rückblenden erzählen.	**A**
Erzählt wird in der 3. Person („Er"- oder „Sie"-Erzählung).	**P/A/N**

2. *1. Abschnitt (Z. 1–4):* **auktorialer Erzähler** („Den Nagel hat er", Z. 1; „unser Mann", Z. 2; „kommt ihm ein Zweifel", Z. 4)
2. Abschnitt (Z. 4–8): **Ich-Erzähler** („wenn der Nachbar mir […] nicht", Z. 4/5; „grüßte er mich", Z. 5)
3. Abschnitt (Z. 8–14): **weiterhin Ich-Erzähler** („Wenn jemand von mir", Z. 8/9; „ich gäbe", Z. 9)
4. Abschnitt (Z. 15–17): **Wechsel zum auktorialen Erzähler** („stürmt er hinüber", Z. 15; „noch bevor er ‚guten Tag' sagen kann", Z. 15/16; „schreit ihn unser Mann", Z. 16)

3. *individuelle Lösung*

4. Die Entwicklung der Gefühle des Mannes wird auch durch die Erzählperspektive deutlich. Im ersten Teil setzt der Autor einen allwissenden Erzähler ein, der auch die Leser*innen mit einbezieht, als er von „unser[em] Mann“ (Z. 2) spricht. Doch bereits ab Zeile 4 wechselt die Erzählweise in einen inneren Monolog: Zahlreiche Fragen schießen dem Mann durch den Kopf, er greift eine vergangene Situation (das flüchtige Grüßen) in Gedanken noch einmal auf, analysiert sie äußerst einseitig und kommt so zu seiner sich immer mehr verhärtenden Einstellung. Der Mann führt quasi ein Selbstgespräch und steigert sich in seine Ansicht hinein, der Nachbar habe etwas gegen ihn. Ab Zeile 15 (auch deutlich gekennzeichnet durch den Gedankenstrich) wird die Erzählhaltung wieder die eines allwissenden Erzählers. Durch den Einsatz dieser wechselnden Erzählhaltung erreicht der Autor, dass die Leser*innen unmittelbar an den Gedanken des Mannes teilhaben und jenen inneren Prozess der Eskalation eines Vorurteils mitverfolgen können, der am Schluss zur verbalen Attacke führt. Der Wechsel der Erzählperspektive wirkt sich somit auch auf die Sicht und Einstellung der Leser*innen zu den Figuren der Kurzgeschichte aus: Dadurch, dass man die Gedanken des Mannes genau kennt, wird man einerseits unwillkürlich auf dessen Seite gezogen. Die Entwicklung seiner Einstellung und seines Verhaltens erscheint andererseits jedoch derart absurd, dass man sich zwangsläufig wieder von ihm distanziert.

Übung 58

1. a) Erzählte Zeit: ca. **2–5** Minuten
   b) Erzählzeit: ca. **1–2** Minuten
   c) Es handelt sich um ein eher **zeitdeckendes** Erzähltempo. Es wird eingesetzt, damit die Leser*innen **die rasante Entwicklung der Gefühle des Mannes in Echtzeit miterleben können**.

2. Man kann davon ausgehen, dass die beiden Figuren in einem Mehrfamilienhaus wohnen, denn der dargestellte Weg zum Nachbarn (vgl. Z. 15–17) scheint sehr kurz zu sein. So beschränkt sich auch die Dauer des gesamten Geschehens auf wenige Minuten, in denen sich der Mann grundlos in seine Vorurteile hineinsteigert.

Übung 59

So sollten deine Markierungen der Beschreibung (hier: graue Hinterlegung) und der Wirkung und Bedeutung (hier: ohne Markierung) aussehen:
Die sprachlichen Mittel verdeutlichen ebenfalls die für eine Kurzgeschichte typische Alltäglichkeit der Situation. Dabei fallen zunächst die zahlreichen, teilweise elliptischen Fragen auf, die sich der Mann stellt, z. B.: „Und warum er nicht?“ (Z. 9/10) Eigentlich müsste die Frage lauten: „Und warum will er mir nicht seinen Hammer leihen?“ Diese Unvollständigkeit wirkt natürlich und entspricht dem Charakter eines inneren Monologs. Die Fragen bewirken zudem, dass sich die Leser*innen in den Gedankengang des Mannes hineinversetzen können, fordern sie aber gleichzeitig auf, eigene Antworten auf diese Fragen zu geben und das verkrampfte und misstrauische Verhalten des Mannes als absurd zu entlarven. Das Auslassen von Satzteilen entspricht dem alltäglichen Sprachgebrauch und lässt die Formulierungen besonders realistisch wirken. Umgangssprachliche Ausdrücke wie „Kerl“ (Z. 12) oder „Jetzt reicht's mir wirklich“ (Z. 14) tragen dazu bei, das Geschehen wie eine Alltagssituation erscheinen zu lassen.
Auch durch die unpersönliche Bezeichnung „[e]in Mann“ (Z. 1) und durch den unmittelbaren Beginn der Geschichte wird deutlich, dass es sich hier nicht um einen Einzelfall handelt, sondern dass etwas beispielhaft vorgeführt werden soll: Überall dort, wo Menschen sich in ihrem Misstrauen vergraben und nicht mehr an die Freundlichkeit der anderen glauben, wo sie sich also von unbegründeten Vorurteilen leiten lassen, können gefährlich explosive Situationen entstehen.

Übung 60

1.

Fragen	Stichpunkte
Welche Assoziationen hattest du zum Titel?	*individuelle Lösung*
Ändert sich die Deutung des Titels?	Hammer spielt geringere Rolle als erwartet
Welche Besonderheiten hat der Titel?	müsste eigentlich „Die Geschichte ohne Hammer“ heißen

Welche Beziehung gibt es zwischen Titel und Inhalt?	• Fehlen des Hammers ist Auslöser für Verhalten des Mannes • Hammer ist nur Stellvertreter für alltäglichen Gegenstand

2. Der Titel lässt eigentlich darauf schließen, dass der Hammer eine größere Bedeutung in der Geschichte hat. Jedoch wäre es fast treffender, hier von der „Geschichte ohne Hammer“ zu sprechen, da schließlich das Fehlen desselben der Auslöser für das absurde Verhalten des Mannes ist. Dass es dabei nicht wirklich um den Hammer an sich geht, sondern dieser nur stellvertretend für einen völlig alltäglichen und eigentlich nicht besonders wichtigen Gegenstand oder generell für eine (Kommunikations-)Situation steht, wird erst nach dem Lesen des Textes klar. Die in der Geschichte dargestellte Situation hätte sich mit jedem beliebigen Gegenstand so abspielen können; dass es ein Hammer war, den sich der Mann leihen wollte, ist nur Zufall.

Übung 61

1. a)

Bezeichnungen für den Nachbarn	Emoticons
„der Nachbar“ (Z. 4)	
„der“ (Z. 8)	
„dieser Kerl“ (Z. 12)	
„Sie Rüpel“ (Z. 17)	

Quelle (Emoticons): © tigatelu – Fotolia.com

b) *Auch die sich im Verlauf der Kurzgeschichte stetig* verschlechternde *Stimmung des Mannes und seine Einstellung gegenüber dem Nachbarn wird durch die Sprache verdeutlicht. Zunächst bezeichnet er ihn noch als „Nachbar“ (Z. 4),* dann mit dem schon etwas abfällig klingenden „der“ (Z. 8), im weiteren Verlauf des inneren Monologs mit „dieser Kerl“ (Z. 12), was nun schon deutlich seine Verärgerung zeigt, und schließlich mit einem Schimpfwort: „Sie Rüpel!“ (Z. 17)

Übung 62

1.

Fragen	Stichpunkte
Kennt man die Entstehungszeit des Textes?	1983 erstmals erschienen
Wann spielt die Handlung des Textes?	unbestimmte Zeit; könnte genauso heute spielen
Sind die Lebensumstände oder die politische Gesinnung des Autors bekannt?	• Abschluss in Philosophie, Psychotherapie • forschte in den Bereichen Familientherapie und Kommunikationsprozesse
Welche Rückschlüsse lässt das auf die Deutung des Textes zu?	• zentrales Thema: Fehler in menschlicher Kommunikation • thematisiert auch psychologische Probleme (z. B. soziale Vereinsamung)

2. Paul Watzlawick greift hier besonders ein Problem vereinsamter Menschen auf. In ihrer Isolation entwickeln manche von ihnen eine verbitterte Einstellung anderen Menschen gegenüber, die beispielsweise durch einen unabsichtlich flüchtigen Gruß bestätigt und dann noch weiter verstärkt werden kann. Das Problem liegt in der mangelnden Kommunikation zwischen den Menschen, die aber nur durch den stetigen Austausch und den Abbau von Misstrauen und Vorurteilen ermöglicht bzw. verbessert werden kann. Doch durch ihre ablehnende Haltung anderen gegenüber machen es sich solche Menschen selbst noch schwerer, auf andere zuzugehen oder sich ihnen zu öffnen. In der Geschichte wird überzeugend dargestellt, wie leicht es passiert, dass man sich in Dinge hineinsteigert, ohne Belege für diese negative Ansicht zu haben.

Übung 63

1.

	Fragen	Stichpunkte
persönliche Stellungnahme	Was spricht dich am Text an (inhaltlich, bezüglich Form, Stil usw.)?	*individuelle Lösung*
	Gibt es etwas, das dich irritiert oder nachdenklich stimmt?	*individuelle Lösung*
	Aus welchem Grund findest du den Text/die Umsetzung des Themas gelungen (oder auch nicht)?	*individuelle Lösung*
Transfer	Hast du selbst schon etwas Vergleichbares erlebt oder beobachtet?	*individuelle Lösung*
	Kannst du die dargestellte Situation auf andere Lebensbereiche übertragen?	man glaubt z. B., jemand könne einen nicht leiden, z. B. eine Lehrerin oder ein Lehrer, weil man sich ungerecht behandelt fühlt und steigert sich in die Abneigung hinein
	Wie würdest du dich in der Situation der Hauptfigur verhalten?	*individuelle Lösung*
	Inwiefern ist das Geschehen/Thema heute noch aktuell?	Situationen, in denen man das Schlimmste annimmt, ohne etwas Konkretes zu wissen, kann es immer geben

mögliche Absicht des Autors	Welches Thema/Problem hat der Autor beispielhaft aufgegriffen?	eine unnötige Überreaktion, die entsteht, weil sich jemand in seine negativen Gedanken hineinsteigert
	Welche Einstellung hat der Autor zum Thema? Woran ist das erkennbar?	kritisiert das Verhalten des Mannes, siehe Titel des Buches, in dem die Geschichte erschienen ist
	Welche Absicht könnte der Autor mit dem Text verfolgen?	• möchte auf Kommunikationsfehler hinweisen • Buch heißt: „Anleitung zum Unglücklichsein" → möchte zeigen, wie man sich nicht verhalten darf, wenn man glücklich sein will

2. Auch mir ist es schon passiert, dass ich negative Reaktionen von anderen erwartet habe, ohne dass ich dazu wirklich Grund gehabt hätte. Jedoch habe ich mich nicht so weit hineingesteigert, dass ich die anderen nur aufgrund meiner Erwartung angeschrien hätte. Dass der Mann in der Geschichte sich so in seinen eigenen Gedanken verliert, ist sicherlich eine überspitzte Darstellung. Jedoch führt sie einem gerade deshalb eindrücklich vor Augen, dass man zunächst einmal mit seinen Mitmenschen in Kontakt treten sollte, bevor man sie für etwas verurteilt, das sie womöglich gar nicht tun würden. Ich werde dies in Zukunft sicher stärker berücksichtigen.

Übung 64

individuelle Bewertung des Aufsatzes; siehe auch Lösungsvorschläge zu den Übungsaufgaben im Stil der Abschlussprüfung

TEIL A 1

Textverständnis

1. *Hinweis: Lies den Text nochmals genau durch und prüfe jede der angegebenen Aussagen einzeln, ob sie mit dem Inhalt übereinstimmt. Denke daran, dass einige Informationen nicht im Text enthalten sind; notiere dann „nicht genannt".*

a) trifft zu	d) nicht genannt
b) trifft nicht zu	e) trifft zu
c) trifft nicht zu	f) nicht genannt

2. *Hinweis: Achte auf die im Text genannte Begründung, warum der Müll in den Meeren doch auch aus Deutschland stammt – obwohl viele Menschen hierzulande denken, sie seien nicht dafür verantwortlich.*

   Ein großer Teil des Plastikmülls, der in Deutschland im Gelben Sack landet, kann in unseren Anlagen nicht recycelt werden. Da die Entwicklung besserer Sortieranlagen teuer ist, wird der Plastikmüll einfach verbrannt oder in andere Länder exportiert. Diese Länder sind jedoch häufig mit den großen Mengen an Müll überfordert, weshalb er dort teilweise auch in die Meere gelangt.

3. *Mögliche Antworten (nur drei erforderlich):*
   - Wiederverwendbare To-Go-Becher und Lunch-Boxen nutzen (vgl. Z. 8/9)
   - Auf Mehrweg- statt Einwegverpackungen achten (vgl. Z. 104/105)
   - Auf in Plastik verpackte Produkte ganz verzichten (vgl. Z. 107–109)
   - In Unverpackt-Läden einkaufen (vgl. Z. 114/115)
   - Zahnpasta oder Waschmittel selbst herstellen (vgl. Z. 134/135)

4. *Hinweis: Überlege, was mit der Aussage gemeint ist, und versuche, sie in eigenen Worten verständlich zu machen. Überprüfe deine Lösung anschließend daraufhin, ob sie tatsächlich den Sinn der ursprünglichen Aussage wiedergibt.*

   Mit dieser Aussage ist gemeint, dass jede*r von uns, wenn er etwas kauft, eine Entscheidung trifft, nämlich ob er in diesem Moment sich selbst etwas Gutes tut und damit der Umwelt langfristig schadet oder auf den Einkauf verzichtet und die Umwelt schont. Jeder Kauf ist mit einer Belastung für die Natur verbunden und dessen sollte sich jede*r bewusst sein.

Sprachgebrauch

1. • Einzelne: Substantiv/Nomen/substantiviertes Adjektiv
   • dass: Subjunktion
   • das (Konsumverhalten): Artikel, Demonstrativpronomen
   • das: Relativpronomen

2. **Hinweis:** *Erinnere dich an die wichtigsten Kommaregeln: Ein Infinitivsatz wird mit Komma abgetrennt, wenn er mit „um" (bzw. „ohne", „statt", „anstatt", „außer", „als") eingeleitet wird. Zwischen den einzelnen Teilen einer Aufzählung steht ein Komma, wenn sie nicht durch „und" oder „oder" miteinander verbunden sind. Außerdem steht zwischen Haupt- und Nebensatz ein Komma bzw. auch vor und nach dem Nebensatz, wenn dieser in den Hauptsatz eingeschoben ist.*

   a) Um die Menge an Plastikmüll nennenswert zu reduzieren, wird ein Verbot von Strohhalmen aus Kunststoff nicht ausreichend sein.

      Begründung: Komma bei einem Infinitivsatz

   b) Klein geschnittenes Obst in Kunststoffverpackung, einzelne Bananen oder Gurken in Plastikfolie, doppelt verpackte Bonbons oder Salate in Einwegschüsseln lösen bei vielen Kunden mittlerweile mehr als nur ein Kopfschütteln aus.

      Begründung: Kommas bei einer Aufzählung

   c) Ärmere Länder leiden unter dem Müll der westlichen Welt, weil der Export von Plastikmüll bislang günstiger ist als die Entwicklung besserer Recycling-Anlagen.

      Begründung: Komma bei einem Satzgefüge (Subjunktion „weil" leitet einen Nebensatz ein)

   d) Jeder Einzelne kann mit seinen Kaufentscheidungen, die auch die Umwelt berücksichtigen und nicht nur das eigene kurzfristige Wohl, einen kleinen Teil zur Lösung des Müllproblems beitragen.

      Begründung: Kommas bei einem eingeschobenen Relativsatz

3. **Hinweis:** *Lass dich nicht vom Hilfsverb „werden" verwirren. Es gibt mehrere Zeitformen, für die es gebraucht wird. Sieh dir seine „Begleiter" gut an: In Verbindung mit welchen Verbformen steht „werden" und was wird damit gebildet?*

   a) Zeitform: Präsens

   b) Zeitform: Futur I

4. **Hinweis:** *Da im Passivsatz die handelnde/n Person/en, also das Subjekt des Aktivsatzes weggelassen wurde, musst du dieses selbst ergänzen. Denke daran, bei der Umwandlung des Satzes die Zeitform beizubehalten.*

   Bisher haben die Menschen zu sehr auf Kosten der Umwelt gelebt.

5. a) Zustandekommen

   b) weitergeht

   c) entlanglaufen

   d) da gewesen

6. **Hinweis:** *Du findest das Subjekt im Satz, indem du die Frage „Wer oder was?" stellst und die Umstellprobe machst. Beginne den umformulierten Satz mit dem Subjekt und denke daran, dass das finite Verb in einem Aussagesatz immer auf der Position des zweiten Satzglieds steht (Verbzweitsatz). Satzglieder bestimmst du mithilfe der W-Fragen. Vermutlich kannst du rasch ausschließen, dass es sich bei dem unterstrichenen Satzglied um das Subjekt (Wer oder was?), das Prädikat (Was tut das Subjekt?) oder um ein Objekt handelt (Wessen? Wem? Wen oder was?). Denke also an die Kategorie der adverbialen Bestimmungen, die sich mit den Fragen „Wo?/Wohin?", „Wann?/Wie oft?/Wie lange?", „Wie?" oder „Warum?" erfragen lassen.*

   Das Bewusstsein für nachhaltiges Handeln war selten so groß wie zurzeit.

   Satzglied: Adverbiale Bestimmung der Zeit/Temporaladverbiale

7. **Hinweis:** *Lies die bildhaften Ausdrücke und den jeweiligen Zusammenhang, in dem sie im Text stehen, noch einmal nach. Beschreibe dann in eigenen Worten, wie sich die Sachverhalte anders, nämlich sachlich und ohne das sprachliche Bild, ausdrücken lassen. Überlege dazu, was die Formulierungen im wörtlichen Sinne bedeuten und wie sie auf den jeweils genannten Sachverhalt übertragbar sind.*

   a) Damit ist gemeint, dass wir zu viele und oft unnötig verpackte Produkte kaufen, die oder deren Verpackung nach kurzer Zeit in der Mülltonne landen. Wir verursachen mit unserem Lebensstil also zu viel Müll.

   b) Versinken kann man in den Fluten, also im Wasser, oder im Schlamm, man geht unter, bekommt keine Luft mehr und stirbt. Wenn die Welt in Plastik versinkt, heißt das, dass die Menge an Plastikmüll auf der Erde so hoch ist, dass sie daran erstickt, also zugrunde geht.

   c) Das Verb „aussterben" kennt man üblicherweise von Tierarten oder Pflanzen, die zu bestehen aufhören, also nicht mehr existieren, meist aufgrund der Einwirkung durch den Menschen. Wenn Plastik-Strohhalme etc. „aussterben", bedeutet das, dass sie immer seltener produziert und verkauft werden. Der Grund dafür ist, dass viele Menschen und die Hersteller selbst darauf aufmerksam geworden sind, dass Plastikartikel schädlich für die Umwelt sind, und diese Dinge nicht mehr benutzen bzw. in Umlauf bringen möchten.

8. **Hinweis:** *Überlege, was mit den Begriffen jeweils gemeint ist; vielleicht hilft dir dabei der Zusammenhang im Text. Finde anschließend Wörter mit gleicher oder ähnlicher Bedeutung und setze sie zur Probe gedanklich in die Sätze ein – der Sinn des jeweiligen Satzes darf sich nicht verändern.*

   a) Realität: Wirklichkeit, (tatsächliche) Gegebenheit, Sachlage
   b) Konsum: Verbrauch; hier ggf. auch: Einkaufsverhalten, Lebensstil
   c) intakt: unversehrt, unbeschädigt, heil

TEIL A 2

Sarah Jäger: Nach vorn, nach Süden

1. **Hinweis:** *Bei einer Aufgabe mit dem Operator „nennen" solltest du dich nicht allzu lange aufhalten. Hier fallen dir sicher rasch drei Liebespaare aus der Handlung des Romans ein. Überlege, welche wichtigen Informationen es zu diesen Paaren zu sagen gibt, und schreibe sie auf.*

   Mögliche Lösungen (nur drei erforderlich):

   - Marie und Jo waren ein Paar, bevor Jo fremdgegangen ist und sie sich getrennt haben. Jo hat Marie auf einer Party betrogen, woraufhin sie die Beziehung beendet hat. Sie liebt ihn aber noch immer.
   - Vika und Otto waren zusammen und haben ein gemeinsames Kind, Fine. Sie haben sich getrennt, weil Vika Otto schlecht behandelt hat. Otto ist mittlerweile mit Yasmin zusammen. Vika wäre aber offenbar gern wieder mit Otto zusammen.
   - Lena ist in Can verliebt und auf der Reise kommen sich die beiden näher. In der ersten Nacht in Münster küssen sie sich im Badezimmer. Am Ende des Romans deutet Can in einer Nachricht an, dass auch er ernsthaftes Interesse an Lena hat.
   - Pavel und Leroy sind vor Kurzem zusammengekommen, was alle überrascht und womit Leroys kleiner Bruder Marvin erst zurechtkommen muss.
   - Püppi, der Sänger der Blümchenschlüpper, und Tiger, die Rettungssanitäterin, sind miteinander verheiratet.

2. *__Hinweis:__ Die Schwierigkeit bei dieser Aufgabe besteht darin, dass du zwar Lenas Lebenssituation zu Beginn des Romans beschreiben sollst, viele Informationen dazu aber erst im Verlauf der Handlung aufgedeckt werden. Beispielsweise erfährt man erst nach dem ersten Teil der Reise, dass Lena allein in einer kleinen Wohnung lebt, was aber Bestandteil deiner Lösung sein sollte. Versuche, alles, was der Begriff „Lebenssituation" beinhaltet, zu beschreiben, also z. B. Lenas Alter, Schule / Arbeit / Studium, Wohnverhältnisse und finanzielle Lage.*

- Vor einem Jahr hat Lena das Abitur bestanden, sie ist 19 Jahre alt. Was sie beruflich machen möchte, weiß sie nicht genau. Sie studiert zwar seit einiger Zeit Lehramt, ist aber unzufrieden damit und überlegt, das Studium abzubrechen. Lena hat kein richtiges Ziel in ihrem Leben (vgl. S. 132/133).
- Lena lebt allein in einer kleinen Wohnung, die sie ungemütlich findet. Um die Wohnung und ihr Studium zu finanzieren, jobbt sie im Penny-Markt. Außerdem erhält sie von ihren Eltern monatlich einen gewissen Geldbetrag zur Unterstützung (vgl. S. 114–118).
- Sie scheint kein enges Verhältnis zu ihren Eltern zu haben und diese nur zu besuchen, wenn sie am Ende des Monats kein Geld mehr hat. Sie ist einsam und hat aus der Schulzeit oder aus dem Studium offenbar keine Freunde, da sie Anschluss in der Hinterhof-Clique sucht (vgl. S. 111). Seit einiger Zeit ist sie in Can verliebt, traut sich aber nicht, ihm das zu sagen (vgl. S. 58).

3. *__Hinweis:__ Die Informationen, die du zur Beantwortung dieser Aufgabe brauchst, findest du in dem Textabschnitt, in dem Marie, Lena und Can bei Jos Mutter zu Besuch sind (vgl. S. 64–74). Um deine Lösung zu strukturieren und da Jos Eltern seit längerer Zeit getrennt sind, könntest du Jos Verhältnis zu ihnen jeweils in einem eigenen Abschnitt beschreiben, also in einem ersten Absatz zunächst auf seine Mutter und in einem zweiten auf seinen Vater eingehen. Fasse die Informationen in einer sachlichen Sprache zusammen, auch wenn die Jugendlichen, vor allem Marie, und auch Jos Mutter emotional von den Begebenheiten erzählen.*

- Jos Mutter verließ ihn und seinen Vater Paul, als Jo 12 Jahre alt war. Jos Vater hatte zu dieser Zeit eine neue Arbeitsstelle angetreten, die mehr Gehalt versprach, wurde jedoch in der Probezeit gekündigt. Mit der Arbeitslosigkeit kam er nicht zurecht und saß nur noch untätig auf dem Sofa herum. Als Jos Mutter Henry kennenlernte, ergriff sie ihre Chance auf ein besseres Leben und verließ ihre Familie. Das konnte Jo seiner Mutter nicht verzeihen. Er schrieb ihr bis vor einem Jahr regelmäßig Postkarten mit Elfchen, in denen seine Wut zum Ausdruck kam.
- Jo blieb nach der Trennung seiner Eltern bei seinem Vater, der sich aber aufgrund seiner psychischen Probleme nicht um seinen Sohn kümmern

konnte. Marie bezeichnet Jos Vater als „zutiefst fertigen Menschen" (S. 74). Jo war daher auf sich allein gestellt und entwickelte aufgrund der Trennungssituation psychische Probleme: Er verletzte sich immer wieder mit dem Feuerzeug an der Hand.

4. **Hinweis:** *Bei dieser Aufgabe bzw. bei diesem Zitat von Can musst du „zwischen den Zeilen lesen", also die Aussage interpretieren. Erinnere dich, wie sich die Beziehung zwischen Can und Lena entwickelt hat. Lenas Gefühle für Can, aber auch der Grund für ihre Zurückhaltung sind für die Leser*innen von Anfang an relativ deutlich (vgl. z. B. S. 58, 98). Can ist etwas schwieriger zu durchschauen, aber wenige Seiten vor der angegebenen Textstelle zeigt sich, dass auch er mehr für Lena empfindet, als er zunächst zugibt. Versuche in deinem Lösungstext diese schwierige Beziehung zu erklären.*

Auch wenn Can immer noch so tut, als sei alles nur Spaß (vgl. S. 166/167) – so wie in ihrer ersten Nacht in Münster, als sie sich im Badezimmer geküsst haben (vgl. S. 165/166) –, deutet seine Aussage darauf hin, dass er Lena keineswegs „kacke" findet, sondern mittlerweile mehr für sie empfindet. Lena hat allerdings so ein geringes Selbstwertgefühl – was Can der Aussage zufolge auch erkannt hat –, dass sie selbst nicht glauben kann, dass Can in sie verliebt sein könnte. Sie traut sich deshalb auch nicht, Can zu sagen, wie viel sie für ihn empfindet, weil sie Angst hat, enttäuscht zu werden (vgl. S. 98). Sie denkt stattdessen, dass Can eigentlich nichts von ihr will, sondern immer noch Marie hinterherrennt (vgl. S. 168/169). Ihr reicht es aber nicht, einfach nur Spaß mit Can zu haben. Sie würde gern richtig mit ihm zusammen sein, steht sich dabei aber selbst im Weg, weil sie ihm nicht die Wahrheit sagt.

5. **Hinweis:** *Lies noch einmal nach, was einige Seiten vor der angegebenen Textstelle passiert ist: Lena hat Marie und dem Rest der Clique die „Geschichte hinter dem X" gebeichtet (vgl. S. 188/189, 191/192) und möchte nun abreisen. Fasse diese Situation in deinem Text zusammen. Gehe dabei einerseits auf Lenas Beweggründe für ihren Wunsch, die Clique zu verlassen, ein. Andererseits solltest du auch erklären, weshalb Can sie davon abbringen möchte.*

Nachdem Lena Marie und der ganzen Clique gebeichtet hat, dass sie Marie nur von Jos Fehltritt erzählt hat, um sich an ihm zu rächen, möchte Lena ihre Sachen packen und nach Hause fahren. Sie geht davon aus, dass die anderen nun nichts mehr mit ihr zu tun haben wollen, weil sie in gewisser Weise an Jos Verschwinden und Maries Trauer darüber schuld ist. Mit dem Begriff „Scherben" meint Can, dass Marie und die anderen deswegen auf Lena sauer sind – gleichzeitig findet er es jedoch nicht richtig, dass Lena einfach verschwindet. Daraus wird deutlich, dass Lena mittlerweile zur Clique gehört und das, was sie „angerichtet“ hat, auch wieder in Ordnung bringen soll. In diesem konkreten Fall bedeutet dies, dass Can von Lena erwartet, dass sie Jo findet bzw. zumindest weiterhin dabei hilft, ihn zu suchen.

6. ✎ **Hinweis:** *Ein Tagebucheintrag ist dazu da, ein bestimmtes Ereignis oder eine schwierige Situation, die einen beschäftigt, schriftlich zu verarbeiten. Beim Schreiben kann man seine Gedanken ordnen, sich selbst Fragen beantworten und überlegen, wie die Zukunft aussehen könnte. Nachdem Vika die „Geschichte hinter dem X“ erfahren hat, ist sie sicherlich aufgewühlt und überrascht über die neuen Informationen zu Maries und Jos Trennung bzw. zu seinem Verschwinden. Versuche in deinem Text Vikas Überraschung und ihre Gefühle, die Lenas Verhalten im Nachhinein auslöst, deutlich werden zu lassen. Vika wird sicherlich auch Mitleid für Marie empfinden, schließlich könnte es sein, dass es ohne Lena gar nicht zur Trennung von Jo gekommen wäre. Andererseits wird Vika auch Jos Fehler und seine Schuld an der zerbrochenen Beziehung thematisieren. Schreibe den Tagebucheintrag aus der Ich-Perspektive von Vika und versuche ihren Sprachstil, wie er im Roman umgesetzt ist, zu imitieren.*

So war das also! Entenarsch wollte sich an Jo rächen, weil er ihr den Spitznamen verpasst hat. Deshalb hat sie Marie davon erzählt, dass er fremdgegangen ist. Das ist echt ganz schön mies. Sie hat auch gesagt, dass es ihr egal war, ob Marie deswegen ihre Mathearbeit verhaut – das muss man erstmal bringen! Die arme Marie! Und wir haben Entenarsch immer noch verteidigt, als Marie auf sie sauer war. Sie soll es nicht am Briefträger auslassen, hat Pavel immer gesagt. Andererseits – dass Jo auf der Party abgestürzt und mit der anderen aufs Zimmer verschwunden ist, das stimmt ja. Entenarsch hat also nichts erfunden, sie hat auch nicht gelogen. Sie wollte, dass Jo dafür büßt, dass er ihren Spitznamen erfunden hat. Marie war da einfach ein Kollateralschaden, wie unsere Studentin sagen würde. „Entenarsch“ ist natürlich nicht besonders nett und Jo war auch echt immer blöd zu ihr, immer so mürrisch, und er hat sie auch angeschnauzt. Klar, es konnte keiner so wirklich verstehen, warum sie immer im Hinterhof abhing, obwohl sie keiner so richtig mochte. Sie wollte vielleicht einfach irgendwo dazugehören. Mit ihrem Studium klappt es ja auch nicht so. Wie wir alle hat auch sie ihre Probleme und sie wirkt auch echt einsam. Eigentlich ist sie ja ganz nett. Mit ihren Macken und ihren Fahrkünsten ist sie mir inzwischen wirklich ein bisschen ans Herz gewachsen. Außerdem ist sie total lieb zu Fine! Ja, sie hat Marie richtig wehgetan, aber Jo hätte auch nicht einfach so abhauen müssen, das war für Marie ja wohl viel schlimmer! Und natürlich, dass er sich nicht mehr bei ihr meldet. Es hilft nichts, wir müssen zusammenhalten und Jo finden. Für Marie. Und Lena muss auch dabei sein. Vielleicht finden wir ja in Ulm eine Spur … (291 Wörter)

Friedrich Dürrenmatt: Die Physiker

1. **Hinweis:** *Suche noch einmal die Textstelle, in der Dr. von Zahnd dem Inspektor erklärt, weshalb nur die drei Physiker in der Villa leben (vgl. S. 28/29). Damit kannst du den ersten Teil der Aufgabe beantworten. Für den zweiten Teil, also die Frage nach dem wahren Grund für die gesonderte Unterbringung der Physiker, musst du ein wenig überlegen: Welchen Vorteil hat es für die Ärztin, wenn die Physiker allein, also ohne andere Patientinnen oder Patienten, in einem Gebäude leben? Lies dazu auch noch einmal nach, was sie am Ende, als sie ihre wahren Absichten preisgibt, zu Möbius, Kilton und Eisler diesbezüglich sagt (vgl. S. 83–85).*

   Dr. Mathilde von Zahnd gibt gegenüber dem Inspektor an, dass sie ihre Patientinnen und Patienten „sortiert“: Schriftsteller zu Schriftstellern, Millionärinnen zu Millionärinnen etc. Da die anderen Patientinnen und Patienten nach dem ersten Mord in den Neubau umgezogen sind, blieben die drei Physiker allein in der Villa zurück.
   In Wahrheit handelt es sich bei den Physikern laut ihrer eigenen Aussage um die „Schatzkammer“ (S. 84) des Trusts, also um die Grundlage, mit der Dr. von Zahnd die Weltherrschaft an sich reißen will. Damit ist das Wissen um das „System aller möglichen Erfindungen“ (S. 69) gemeint bzw. Möbius’ Manuskripte, die sie im Laufe der Jahre an sich genommen und kopiert hat und die ihr unbeschränkte Macht verleihen. Die anderen beiden Physiker hat sie bereits im Verdacht, ebenfalls hinter Möbius’ Erkenntnissen her zu sein. Indem sie die drei Patienten gesondert unterbringt, kann sie sie besser kontrollieren und letztendlich sogar einsperren.

2. **Hinweis:** *Bei dieser Aufgabe musst du wiedergeben, welche Argumente Dr. von Zahnd vorbringt, um keine strengeren Sicherheitsmaßnahmen bei der Unterbringung der drei Physiker vornehmen zu müssen. Lies dazu noch einmal die Auseinandersetzung zwischen dem Inspektor und der Ärztin nach (vgl. S. 25/26). Fasse die Aussagen von Dr. von Zahnd anschließend zu zusammengehörigen Aspekten zusammen und schreibe sie in deiner Lösung auf.*

   - Dr. von Zahnd meint, dass alle Menschen jederzeit morden könnten, sich dies nicht verhindern lasse und der Inspektor „seine“ Mörder auch nicht einsperren könne, bevor sie morden.
   - Sie vertritt den Standpunkt, dass sie eine Heilanstalt und kein Zuchthaus leite, weshalb sie ihre Patientinnen und Patienten nicht in Einzelzellen mit Netzen sperren könne. Sie betont zudem, dass sie als Ärztin imstande sei, gefährliche und ungefährliche Patientinnen und Patienten zu unterscheiden.

- Außerdem hebt sie die Fortschritte hervor, die die Medizin bei der Behandlung von psychisch Erkrankten gemacht habe. Sie vertraue auf die Wirksamkeit von Medikamenten, die die Patientinnen und Patienten ruhigstellen, und damit verhindern, dass solche Unglücksfälle geschehen.

3. ***Hinweis:*** *Die Lösung für diese Aufgabe findest du, indem du den Anfang des Gesprächs zwischen Möbius und Schwester Monika, das sich an den Besuch von Herrn und Frau Rose anschließt, noch einmal nachliest (vgl. S. 43/44). Denke außerdem daran, weshalb Möbius sich als verrückt ausgegeben hat, und was dies für seine Familie bedeutete. Versuche, Möbius' Gründe für sein Verhalten während des Besuchs seiner Ex-Frau in deiner Lösung so zu formulieren, als würdest du es jemandem erklären, der den Inhalt des Dramas nicht kennt.*

Möbius denkt, dies sei eine „humane" (S. 44) Art und Weise, von seiner Frau und seinen Söhnen Abschied zu nehmen. Er möchte, dass sie ihn guten Gewissens vergessen und ein neues Leben beginnen können. Da Möbius sich aufgrund seiner Erkenntnisse, die zur Vernichtung der Menschheit führen könnten, als verrückt ausgibt, musste seine Frau auf vieles verzichten, ihre Söhne allein großziehen und auch noch für Möbius' Aufenthalt im Sanatorium bezahlen. Er gönnt ihr den Neuanfang mit ihrem neuen Ehemann Oskar Rose auf den Marianen. Mit seinem Auftritt bezweckt Möbius, dass seine Familie in Zukunft kein Bedürfnis mehr hat, ihn zu besuchen.

4. ***Hinweis:*** *Der Operator „Stellung nehmen" bedeutet, dass du einen Sachverhalt bzw. eine Frage abwägen, d. h. deren verschiedene Seiten – oft sind es zwei gegensätzliche – darlegen musst. Am Ende sollst du dabei zu einer Bewertung kommen, dich also für eine Ansicht entscheiden. Bei dieser Aufgabe geht es um die Frage, ob Möbius Schwester Monika tatsächlich liebt. Sammle dazu zunächst Argumente, die dafür bzw. dagegen sprechen, indem du nach Textstellen suchst, die dir Informationen zum Thema liefern. Am ergiebigsten ist dazu wohl das Gespräch, in dem Monika Möbius den Vorschlag macht, ein gemeinsames Leben außerhalb des Sanatoriums zu beginnen (vgl. S. 44–47, 49–53). Überlege dann, ob du die Frage aus der Aufgabenstellung eher bejahen oder verneinen würdest. Stelle anschließend die Argumente in deiner Lösung einander gegenüber, indem du zuerst die Aspekte nennst, denen du weniger zustimmst, danach diejenigen, aufgrund deren du zu deiner Wertung gekommen bist. Formuliere abschließend deine eigene Meinung dazu aus.*

Möbius ist niedergeschlagen, als Schwester Monika ihm sagt, dass sie ins Haupthaus versetzt wird und sich nun männliche Pfleger um die Physiker kümmern werden. Dies spricht dafür, dass er Schwester Monika wirklich liebt. In diesem Zusammenhang sagt Möbius zudem, dass sein Aufenthalt erträglicher geworden sei, seit Schwester Monika sich um ihn kümmere. Er sei glücklicher, seit er sie kenne (vgl. S. 45). Im Folgenden gesteht er ihr auch direkt, dass er sie liebt, und er warnt sie, dass sie deswegen in Gefahr ist (vgl. S. 47). Kurz bevor er sie ermordet, hat er Tränen in den Augen (vgl. S. 53) – es fällt ihm also schwer, diese Tat auszuführen.

Dennoch glaube ich nicht, dass Möbius Schwester Monika wirklich liebt, da er ihr nicht sagt, dass die Erscheinungen König Salomos nur erfunden sind. Als sie ihm mitteilt, dass sie ihm glaubt, Salomo erscheine ihm und habe ihm die Erkenntnisse offenbart, widerspricht er nicht. Meiner Meinung nach zeigt dies, dass er nicht wirklich in sie verliebt ist und ihr auch nicht vertraut. Wenn er sich eine gemeinsame Zukunft mit Monika vorstellen könnte bzw. dies wollte, würde er ihr die ganze Wahrheit sagen. Vielleicht würde er gemeinsam mit ihr einen Plan schmieden, wie sie zusammenleben könnten, ohne dass seine Erkenntnisse an die Öffentlichkeit gelangen und dadurch die Menschheit gefährden würden. Dass er nicht ehrlich ihr gegenüber ist, zeigt in meinen Augen, dass er sie nicht wirklich liebt.

5. **Hinweis:** *Bei dieser Aufgabe bist du ein wenig freier, da das Gespräch zwischen Herrn und Frau Rose im Werk nicht vorkommt oder erwähnt wird. Dennoch solltest du dich in deinem Text auf die Ereignisse der Handlung beziehen und darauf achten, die in der Fragestellung genannten Aspekte einzuarbeiten. Überfliege noch einmal die Textpassage des Besuchs von Möbius' Ex-Frau, ihren Söhnen und ihrem neuen Mann (vgl. S. 31–43) und versetze dich in Lina und Oskar Rose hinein. Überlege dir, wie sich die beiden fühlen, nachdem sie die Anstalt verlassen haben. Mache dir evtl. zuerst kurze Notizen, in welcher Reihenfolge du welche Aspekte in deinem Text „abarbeiten" willst, und formuliere dann das Gespräch aus. Setze jeweils die Namen der Gesprächsteilnehmer an den Zeilenanfang und schreibe den Dialog in wörtlicher Rede auf. Lina Rose als Ex-Frau von Möbius wird bei diesem Gespräch vermutlich die größeren Redeanteile haben, versuche aber auch, Oskar zu Wort kommen zu lassen. Mittels Regieanweisungen kannst du die Sprechweise und Gesten/die Mimik der Figuren verdeutlichen. Achte auch darauf, eine zu den Figuren passende Wortwahl und Ausdrucksweise zu verwenden.*

LINA: Ach Oskar, ich bin immer noch ganz durcheinander … mein armes Johann Wilhelmlein! Es geht ihm gar nicht gut … und er tut mir so leid!

OSKAR *(zuckt mit den Schultern)*: Er ist eben geisteskrank. Da lässt sich wenig machen …

LINA: Ich fühle mich, als würde ich ihn ein zweites Mal im Stich lassen. Das erste Mal, damals, als er krank wurde …

OSKAR *(fällt ihr ins Wort, entrüstet)*: Du hast ihn doch nicht im Stich gelassen! Er wurde krank, musste in eine Anstalt eingewiesen werden und du hast dafür bezahlt! Jahrelang! Hast gearbeitet, geschuftet, um deine Familie durchzubringen! Warst immer für deine Söhne da, hast anständige

Menschen aus ihnen gemacht! Du brauchst dir keine Vorwürfe machen …

LINA *(spricht leise)*: Dennoch plagen mich Gewissensbisse. Vielleicht … wenn ich ihn öfter besucht hätte … vielleicht hätte er wieder Kraft geschöpft, hätte sich erholt mit der Aussicht, dass er wieder ein normales Leben führen könnte. Er ist … war … so ein brillanter Wissenschaftler. Fast wäre ich eine Professorengattin geworden –

OSKAR *(fällt ihr ins Wort, beleidigt)*: Das kann ich dir natürlich nicht bieten.

LINA *(schnell)*: Ach Oskar, so war das doch nicht gemeint! Ich bin sehr glücklich mit dir! Aber jetzt kann ich nicht einmal mehr für Johann Wilhelms Unterbringung zahlen. Und ich mache mir Sorgen, was aus ihm werden soll.

OSKAR: Beruhige dich, Lina. Fräulein Dr. von Zahnd hat doch versichert, dass sie gut für ihn sorgen wird.

LINA: Ja, sie ist wirklich ein Engel. Und vielleicht ist es besser so, wenn wir uns von nun an nicht mehr sehen. Unser Besuch hat ihn schon sehr verwirrt …

OSKAR *(seufzt)*: Lina, er ist nicht nur verwirrt, er ist nicht mehr Herr seiner Sinne. Und er hat uns regelrecht hinausgeworfen! Nein, er ist in der Anstalt gut aufgehoben und du hast dir nicht das Geringste vorzuwerfen. *(holt tief Luft)* Jetzt lass uns nicht mehr darüber nachdenken – für uns beginnt übermorgen ein neues Leben! (314 Wörter)

TEIL B

Aufgabe 1: Erörterung

Hinweis: *Verlangt ist hier eine dialektische Erörterung; du sollst zum einen Argumente dafür finden, wie sich Plastikmüll durch die Verbraucher reduzieren lässt, zum anderen Argumente, welche Schwierigkeiten der Lösung des Problems im Weg stehen. Für deine Erörterung sind zwei Materialien vorgegeben, denen du Argumente entnehmen kannst. Untersuche sie zunächst gründlich und notiere dir, auf welche Inhalte du in deinem Aufsatz Bezug nehmen kannst. Überlege dir dann zusätzlich eigene Argumente.*

Gliedere deinen Text folgendermaßen:

- *Einleitung, in der du kurz zum Thema hinführst und zur Themenfrage überleitest (Nennung von Textsorte, Titel, Autor*in, Quelle und Erscheinungsdatum des vorgegebenen Textes);*
- *Hauptteil, in dem du eigene Argumente ausarbeitest und auf die Materialien Bezug nimmst;*
- *Schluss, in dem du ein abschließendes Fazit ziehst und deine eigene Meinung begründet darstellst.*

Achte im Hauptteil darauf, dass deine Argumente vollständig sind, sie also Behauptung, Begründung und Beispiel/Beleg enthalten. Denke auch daran, dass du die Quelle nennst, wenn du etwas aus den Materialien direkt oder indirekt zitierst. Verwende eine sachliche Sprache und verknüpfe die Argumente abwechslungsreich miteinander.

Aufsatzbeispiel

Einleitung

Mit Plastikmüll verschmutzte Strände, Mikroplastik im Trinkwasser, ein Verbot von Trinkhalmen und Wattestäbchen – die Problematik der großen Menge an Plastikmüll ist derzeit immer wieder in der Diskussion. Dass Plastik, das in die Umwelt gelangt, äußerst schädlich für Menschen und Tiere ist, ist unbestritten, doch ob und wie etwas dagegen getan werden kann, darüber sind sich Politik, Industrie und Gesellschaft uneins. Der Zeitschriftenartikel „Industrie wehrt sich gegen Plastikverbote: Wie sich die Plastikindustrie zurückmeldet“ von Arvid Kaiser, der am 12. 06. 2019 auf der Website des „Manager Magazin“ erschienen ist, zeigt einige Aspekte dieser Auseinandersetzung anschaulich auf. Da eine umfassende Lösung noch nicht gefunden ist, stellt sich die Frage, was jede*r Einzelne zur Reduzierung des Plastikmülls beitragen kann, aber auch, welche Schwierigkeiten der Lösung des Müllproblems im Wege stehen.

Themenfrage

Hauptteil

Maßnahme 1: beim Einkauf auf enthaltenes Plastik achten, Alternativen auswählen

Eine erste Möglichkeit, wie jede*r Einzelne dazu beitragen kann, dass die Plastikmüllmenge nicht noch weiter anwächst, bietet sich, indem man beim Einkaufen darauf achtet, ob und wie viel Plastik in den Produkten enthalten ist, und wo möglich auf Alternativen ausweicht. In vielen Dingen des täglichen Bedarfs findet sich sogenanntes Mikroplastik, dessen Menge sich zunehmend in der Umwelt ansammelt und ihr schadet. In Kosmetikartikeln ist beispielsweise häufig Mikroplastik enthalten, das über das Abwasser in Flüsse und Meere gelangt. Ähnlich ist es bei (Billig-)Kleidung, deren Kunststofffasern beim Waschen gelöst und ebenfalls in die Kanalisation geleitet werden. Von dort gelangt es in die Umwelt und letztendlich auch in unser Essen. Auch wenn es sich nur um mikroskopisch kleine Teilchen handelt und bisher nicht erwiesen ist, dass sie gefährlich für den Menschen sind, schaden sie Ökosystemen und der Tierwelt – Grund genug, ihre Menge zu reduzieren.

Maßnahme 2: Plastik länger verwenden/Recycling

Eine zweite Maßnahme, etwas gegen die zunehmenden Plastikmüllberge zu unternehmen, ist es, Kunststoffartikel länger zu verwenden oder – wie im Fall von Verpackungen – sie nach dem Gebrauch wenigstens dem Recycling zuzuführen. Der Großteil des auf der Welt bisher hergestellten Plastiks wurde nur einmal benutzt, und davon landete wiederum das meiste auf Deponien, Müllhalden oder in der Umwelt (vgl. M 2), was den Müllberg weiter anwachsen lässt. „Upcycling“ liegt derzeit im Trend – eine gute Möglichkeit, Plastik wiederzuverwenden. Im Internet finden sich unzählige Ideen, wie aus alten Joghurteimerchen Blumentöpfe werden oder wie man aus Verpackungen Taschen, Portemonnaies oder sogar Schmuck basteln kann. Und muss doch einmal etwas entsorgt werden, dann sollte es zur Sammelstelle gebracht oder im „Gelben Sack“ entsorgt werden, damit es möglichst recycelt werden kann.

Maßnahme 3: auf Plastik verzichten

Noch viel besser als Recycling ist es natürlich, wenn überhaupt kein Plastikmüll anfällt, man also gar kein Plastik einkauft. Um dies umzusetzen, kann man z. B. Mehrwegbehälter und -taschen nutzen. Viele Geschäfte haben sich mittlerweile darauf eingestellt und legen die Waren in die von den Kunden mitgebrachten Boxen, statt neue Verpackungen zu verwenden, z. B. an der Fleisch- oder Käsetheke im Supermarkt. Zudem gibt es in vielen Städten neuerdings sogenannte „Unverpackt"-Läden, in denen man sich haltbare Lebensmittel wie Nudeln oder Reis in eigene Behältnisse umfüllen kann. Dadurch spart man in jedem Fall Plastik ein und reduziert die Müllmenge.

Überleitung zu Schwierigkeiten

Leider funktioniert das nicht bei allen Waren, die wir tagtäglich einkaufen. Es gibt auch zahlreiche Schwierigkeiten, die einer Reduzierung des Plastikmülls entgegenstehen und im Folgenden angesprochen werden sollen.

Schwierigkeit 1: mangelnde Alternativen zu Plastik

Zunächst sind viele Waren in Plastik einfach am besten verpackt, was sogar plastikkritische Stimmen zugeben müssen (vgl. M 1, Z. 103–107). Gängige Alternativen, beispielsweise aus Naturmaterialien, sind entweder zu teuer, was für die Verbraucher*innen zusätzliche Kosten verursacht, oder haben eine schlechtere CO_2-Bilanz, was wiederum der Umwelt schadet. Eine andere Alternative, nämlich dickere Mehrweg-Plastiktüten, verursachen an anderer Stelle Probleme, wie das Beispiel der US-amerikanischen Stadt Austin zeigt, in der diese Tüten die Kanalisation verstopfen (vgl. M 1, Z. 21–25).

Schwierigkeit 2: Recycling-Systeme sind ineffizient

Die unzureichende Leistung der Recycling-Systeme ist ebenfalls ein Problem, weshalb die Menge an Plastikmüll kaum weniger wird. Bisher funktionieren die bestehenden Anlagen nicht gut, wie auch ein Manager eines Kunststoff-Unternehmens feststellt (vgl. M 1, Z. 86–89). Aus der Grafik „Das Plastik dieser Welt" (M 2) geht hervor, dass nur ein sehr geringer Teil des hergestellten Plastiks recycelt wird. Die Verbraucher*innen können zwar ihren Müll gewissenhaft nach Wertstoffen trennen, wenn diese jedoch aufgrund schlechter Anlagen oder Systeme nicht recycelt, sondern einfach verbrannt werden, ist diese Mühe umsonst.

Schwierigkeit 3: Umweltschutz zu wenig im Bewusstsein

Aber auch die besten Recycling-Systeme oder Plastik-Alternativen nützen wenig, wenn in der Gesellschaft das Bewusstsein für den Schutz der Umwelt zu wenig verbreitet ist. Zwar ist das Thema der großen Plastikmüllmenge in den letzten Jahren verstärkt ins öffentliche Bewusstsein gerückt, nicht zuletzt durch drastische Bilder von vermüllten Stränden oder am Plastik verendeten Walen und Seevögeln, doch haben wohl nur die wenigsten Menschen etwas an ihrem persönlichen Lebensstil geändert. Ein Anfang ist sicherlich gemacht, da sich mehr, vor allem junge Menschen, für den Umweltschutz engagieren, doch um wirklich etwas im Kampf gegen den Plastikmüll erreichen zu können, wäre ein Bewusstseinswandel bei viel mehr Menschen nötig. Jede*r müsste im Alltag vermehrt darauf achten, Plastikverpackungen und -produkte möglichst ganz zu vermeiden. Leider sind viele Menschen zu bequem, etwas an ihrem Lebensstil zu ändern. Beispiele wie die Tumulte, weil eine Supermarktkette Einwegtüten aus dem Sortiment nahm, oder eine Petition mit hunderttausenden Unterschriften gegen die Einführung von Papier- statt Plastikstrohhalmen zeigen, dass viele Menschen entweder die Dringlichkeit des Plastikmüll-Problems noch nicht erkannt haben oder ihnen die Umwelt egal ist (vgl. M 1, Z. 112–118).

Schluss
Fazit

Zusammenfassend lässt sich feststellen, dass jede*r Einzelne etwas zur Reduzierung des Plastikmülls beitragen kann und dies oft sogar ohne großen Aufwand. Möglicherweise gelingt es der Industrie in absehbarer Zeit auch, umweltfreundliche Verpackungen ohne Plastik oder aus ganz neuen Materialien herzustellen, wie dies bei Matratzenschaum und Turnhallenböden bereits geglückt ist (vgl. M 1, Z. 94–97).

eigene Meinung

Um noch mehr zu erreichen, sind aber vermutlich drastischere Maßnahmen nötig. Vielleicht muss die Politik beispielsweise durch Steuern oder Verbote stärker eingreifen, um spürbare Effekte zu erzielen.

bewusster (weniger) einkaufen

Abschließend muss man wohl – ausgerechnet – dem Verband Plastics Europe recht geben, der sagt, dass „Konsum [nicht] automatisch nachhaltig wird, wenn man nur die Plastikverpackung weglässt“ (M 1, Z. 52–54). Denn am besten für die Umwelt ist es, wenn man bewusster und insgesamt weniger einkauft.

Aufgabe 2: Textbeschreibung Lyrik

Hinweis: *Bei der Textbeschreibung eines lyrischen Textes sollst du ein vorliegendes Gedicht eingehend untersuchen. In der Aufgabenstellung sind Aspekte vorgegeben, auf die du in der Analyse eingehen sollst, z. B. auf die Form des lyrischen Textes (Strophen, Reime) oder die Sprache (sprachliche Mittel, Satzbau).*

Gliedere deinen Aufsatz folgendermaßen:
- *Einleitung mit Kern-/Basissatz und kurzer Inhaltsbeschreibung;*
- *Hauptteil, in dem du die gewonnenen Erkenntnisse deiner Untersuchung vorstellst, also die in der Aufgabenstellung geforderten Aspekte beschreibst und deutest;*
- *Schluss, in dem du die Übertragbarkeit der Gedichtaussage auf die heutige Zeit oder dein persönliches Leben erläuterst und kurz dazu Stellung nimmst.*

Lies das Gedicht zunächst mehrmals genau durch. Markiere auffällige Stellen und Schlüsselbegriffe und notiere erste Stichpunkte deiner Analyse. Ordne deine Notizen anschließend und erstelle einen Schreibplan, bevor du mit der Ausformulierung deines Aufsatzes beginnst.

Aufsatzbeispiel

Einleitung

Information zum Text mit Kern-/Basissatz

Das Gedicht „Einmal sollte man“ von Mascha Kaléko, die von 1907 bis 1975 lebte, ist 1933 im Band „Das lyrische Stenogrammheft“ erschienen. Es beschreibt den Wunsch des lyrischen Ichs, aus seinem Alltagstrott auszubrechen, zu verreisen und die Natur zu genießen. Trotz genauer Vorstellungen, wie dieser Plan zu verwirklichen wäre, wird der Wunsch jedoch nie in die Tat umgesetzt.

kurze Zusammenfassung des Inhalts

Mit dem Gedanken, seine Sachen zu packen und sich „aus dem Staube [zu] machen“ (V. 3), also zu verreisen, ohne jemandem Bescheid zu geben, beginnt das Gedicht. Das lyrische Ich sinnt über sein Leben nach und erwägt, nicht wie sonst pünktlich zur Arbeit zu fahren. Es möchte die Arbeitswelt mit ihren Konferenzen, Zahlen und Akten hinter sich lassen, sogar sein ganzes bisheriges Leben „schwänzen“ (V. 12). Das Ziel dieser Auszeit soll die (unberührte) Natur sein. Das lyrische Ich zeigt sich in seinen Gedanken traurig über seinen Alltag und fühlt sich allein mit dieser Unzufriedenheit, da andere Menschen in seiner Umgebung offenbar nicht diesen Eindruck machen. Es denkt, vom Leben benachteiligt zu sein. Dann klingelt der Wecker und die Träumereien von einem anderen Leben enden, jedoch nur vorerst, denn der Kreislauf der Gedanken beginnt bald von Neuem.

Hauptteil
Aufbau/Form

Das Gedicht ist in sechs Strophen zu je vier Versen gegliedert. Strophe 2 und 3 weisen einen umarmenden Reim auf, alle anderen Strophen einen Kreuzreim. Auffällig sind einige unreine Reime, z. B. „bisher/wär" (V. 5/8) oder „müßte/Liste" (V. 18/20). Die gleichmäßige Stropheneinteilung verweist eventuell auf den immer gleichen Alltagstrott, in dem sich das lyrische Ich befindet. Die Variation bei den Reimen und die unreinen Reime lassen den Lesefluss in der gleichen Weise ins Stocken geraten, wie die Gedanken des lyrischen Ichs an einen „Ausbruch" aus seinem Leben seinen Alltag unterbrechen.

Inhaltlich lassen sich die ersten drei Strophen zu einer Sinneinheit zusammenfassen, in der die Wünsche des lyrischen Ichs zum Ausdruck kommen. Strophe 4 beschäftigt sich mit der Natur an sich und wirkt dadurch wie ein kleiner Ruhepol. Die letzten beiden Strophen stellen eine Art Zustandsbeschreibung der Gefühlswelt des lyrischen Ichs dar. Der letzte Vers nimmt schließlich die Träumereien des Beginns wieder auf.

sprachliche Mittel und deren Wirkung
Wiederholungen

Bei der Untersuchung der sprachlichen Mittel fällt zunächst die häufige Wiederholung der Formulierungen „Man sollte …" bzw. „Man müsste …" (vgl. z. B. V. 3, 5, 7, 9) auf. Dies ist zum einen Ausdruck des Gedankengangs des lyrischen Ichs, das vielleicht nachts oder früh am Morgen über sein Leben nachsinnt und verschiedene Möglichkeiten der Veränderung durchspielt. Zum anderen wird durch den Konjunktiv deutlich, dass es sich (von Vornherein) nur um nicht erfüllbare Wünsche handelt und sich das lyrische Ich bewusst ist, dass es diese Träume vermutlich nie in die Tat umsetzen wird.

Die Wiederholung von „Einmal" zu Beginn und am Ende des Gedichts (vgl. V. 1, 24) verdeutlicht den Kreislauf der Gedanken. Durch die Kursivsetzung und das zusätzliche „aber" im letzten Vers wirkt diese Formulierung besonders nachdrücklich, als würde das lyrische Ich jetzt tatsächlich

Pointe

einen Entschluss zur Veränderung fassen. Stattdessen folgt jedoch die Pointe des Gedichts mit dem nachgeschobenen „(Siehe oben!)“ (V. 24): alles beginnt von vorn, die Träumereien setzen sich fort.

Enjambements

Im Gedicht sind häufig jeweils zwei aufeinanderfolgende Verse durch ein Enjambement verbunden (z. B. V. 1/2, 3/4, 5/6, 9/10), wodurch ebenfalls der Eindruck eines inneren „Gedankenstroms“ entsteht: Das lyrische Ich hängt seinen Gedanken nach und führt quasi ein inneres Selbstgespräch.

Metaphern

Schon zu Beginn von Strophe 1 findet sich bildhafte Sprache: Der Ausdruck „Siebensachen“ (V. 1) steht hier stellvertretend nicht nur für die Habseligkeiten des lyrischen Ichs, sondern sinnbildlich für das ganze alltägliche Leben, das aus den „glatten Geleisen“ (V. 2) fortgerollt werden soll. Mit dieser ersten von einigen Metaphern, die im Gedicht enthalten sind, wird ausgedrückt, dass das alltägliche Leben allzu vorhersehbar verläuft. Das lyrische Ich findet es zwar nicht sonderlich schlecht – schließlich läuft es „glatt“ –, aber offenbar langweilig. Deutlich negativer fällt die Charakterisierung des Alltags in Strophe 5 durch eine weitere Metapher aus: Nicht nur, dass das lyrische Ich in diesem Trott „traurig“ (V. 17) mittrabt, es steht sogar auf Gottes „schwarze[r] Liste“ (V. 20). Auf einer „schwarzen Liste“ stehen üblicherweise Personen oder Dinge, die in irgendeiner Form benachteiligt werden sollen. Im folgenden Vers verdeutlicht das lyrische Ich diese Tatsache nochmals durch die Metapher „Lebenslos ‚zweiter Wahl‘“ (V. 21). Das lyrische Ich fühlt sich allein (vgl. V. 20) mit seiner Ansicht, dass das Leben doch mehr zu bieten haben müsste, sowie missverstanden (vgl. „Die andern aber finden, daß man müßte“, V. 18) und benachteiligt.

Redewendung

Um diesem Leben zu entfliehen, überlegt das lyrische Ich, sich „aus dem Staube [zu] machen“ (V. 3). Diese Redewendung betont vor allem die Heimlichkeit, mit der sich das Ich seinen Rückzug aus dem Alltag vorstellt. Es möchte sich niemandem anvertrauen, sondern „unbekannt verreisen“ (V. 4), sich also ohne jemandes Wissen davonmachen.

Das Ziel dieser Reise soll die Natur sein, die hier für die Freiheit von Alltagszwängen steht, was in der Formulierung „eines schönen Tags das Leben schwänzen“ (V. 12) deutlich wird. Die natürliche Umgebung wird sogar mit einer Personifikation bedacht: Wiesen, die „unbekümmert“ (V. 16) blühen, und zwar auch werktags, die also auch während der üblichen Arbeitszeiten der Menschen schön sind.

Personifikation

Die Gedankenstriche und Auslassungspunkte, die sich an vielen Stellen im Gedicht finden (vgl. z. B. V. 8, 11, 17), verdeutlichen auch die Perspektive des Textes. Es handelt sich um einen Gedankengang des lyrischen Ichs, ein stummes Selbstgespräch. Das unpersönliche „man“ (vgl. z. B. V. 1, 3, 5), das die Autorin verwendet, zeigt, dass es kein konkretes „Ich“ gibt, das die Wünsche in die Tat umsetzt. Hier träumt ein unbestimmter Jemand vor sich hin, wodurch verdeutlicht wird, dass wohl jede*r solche Gedanken schon einmal hatte. Eventuell lässt sich das Gedicht auch als Aufforderung an andere lesen, den Alltagstrott hinter sich zu lassen und zumindest für einen Tag „sein kleines Ideal“ (V. 23), also seinen Traum zu leben.

Perspektive

Gedankenstriche/ Auslassungspunkte

„man“

Wenn die Leser*innen die Überschrift des Gedichts („Einmal sollte man“) zum ersten Mal lesen, überlegen sie vermutlich zuerst, was sie tun „sollten“, also welcher Aufforderung sie Folge leisten sollen. Wahrscheinlich fallen den meisten Menschen zunächst Dinge ein, die man nicht so gerne macht, z. B. aufräumen oder für eine Prüfung lernen. Beim genauen Lesen des Gedichts wird jedoch deutlich, dass es dem lyrischen Ich um die eigenen Träume geht, die es verwirklichen möchte. Viele Leser*innen erkennen sich vermutlich in diesem Wunsch wieder: Jede*r sollte „einmal“ das tun, wonach sie*er sich sehnt. Das Wort „Einmal“ könnte dabei zweierlei bedeuten: Zum einen, dass man diese Dinge – zumindest oder nur – ein einziges Mal tun sollte, z. B. weil es sich um besondere, teure oder schwierig umzusetzende Erlebnisse handelt, z. B. auswandern. Wahrscheinlicher ist jedoch, dass mit „Einmal“ ein unbestimmter Zeitpunkt in der Zukunft gemeint ist: Eines Tages oder

Bezug zur Überschrift

irgendwann sollte man aus seinem Leben ausbrechen und das tun, worauf man Lust hat oder wovon man schon lange geträumt hat. Diese Unbestimmtheit ist – wie beim lyrischen Ich – bei den meisten Menschen aber gerade das Problem: Man träumt immer wieder davon, sein Leben umzukrempeln und seine Wünsche in die Tat umzusetzen – und tut es dann doch nicht.

Schluss
Transfer

Im Gedicht wird aufgezeigt, wie sich fast alle Menschen hin und wieder fühlen: Ob als Schüler*in oder Berufstätige*r – fast jede*r denkt ab und zu, dass man am nächsten Tag gerne etwas anderes täte, als in die Schule oder zur Arbeit zu gehen. Stattdessen träumt man davon, wie ein idealer Tag aussehen könnte. Den meisten bleibt jedoch nichts anderes übrig, als den manchmal ungeliebten Alltagstrott auszuhalten, schließlich muss gelernt und für sein Auskommen gesorgt werden.

Stellungnahme

Generell empfinde ich meinen Alltag als nicht so beschwerlich, wie er im Gedicht beschrieben wird. Natürlich macht nicht jeder Schultag Spaß, aber es gibt doch immer etwas, worauf man sich freuen kann, z. B. auf ein interessantes Projekt, das Lieblingsessen in der Schulmensa oder einfach die Freistunde am Nachmittag. Wichtig ist aus meiner Sicht auch, dass man seine Pläne nicht immer hinausschiebt. Es muss ja nicht gleich das komplette Leben verändert werden, aber manches lässt sich doch leicht umsetzen, wie beispielsweise der Wunsch, mehr Zeit in der Natur zu verbringen.

Abrundung

Den meisten von uns genügen zum Glück solche kleinen „Fluchten“ vom Alltag, z. B. ein Nachmittag am See, Ferien oder Urlaubstage, die man verbringen darf, wie man möchte, und auf die man sich freuen kann. Und hin und wieder kann auch ein kleiner Tagtraum helfen, die Unterrichtsstunde oder das nächste Meeting zu überstehen.

Aufgabe 3: Textbeschreibung Prosa

Hinweis: *Bei der Textbeschreibung eines Prosatextes sollst du eine vorliegende Kurzgeschichte eingehend untersuchen. In der Aufgabenstellung sind Aspekte vorgegeben, auf die du in deiner Analyse eingehen sollst, z. B. auf den Aufbau, die Sprache (sprachliche Mittel, Satzbau) oder auf die Figurenkonstellation.*

Gliedere deinen Aufsatz folgendermaßen:

- *Einleitung mit Kern-/Basissatz und kurzer Inhaltszusammenfassung;*
- *Hauptteil, in dem du die gewonnenen Erkenntnisse deiner Untersuchung vorstellst, also die in der Aufgabenstellung geforderten Aspekte beschreibst und deutest;*
- *Schluss, in dem du deinen Text abrundest und die Übertragbarkeit der Textaussage auf die heutige Zeit oder dein persönliches Leben erläuterst und dazu Stellung nimmst.*

Lies die Kurzgeschichte zunächst mehrmals genau durch. Markiere auffällige Stellen und Schlüsselbegriffe und notiere erste Stichpunkte deiner Analyse. Ordne deine Notizen anschließend und erstelle einen Schreibplan, bevor du mit der Ausformulierung deines Aufsatzes beginnst.

Aufsatzbeispiel

Einleitung
Information zum Text mit Kern-/Basissatz

Die von Botho Strauß verfasste Kurzgeschichte „Rückkehr" ist im Jahr 2010 im Band „Kürzestgeschichten" erschienen und erzählt von einem Bäckermeister, der seine Frau, die er vor 25 Jahren verlassen hat, überraschend besucht und ihr Hilfe anbietet, die diese jedoch ablehnt.

kurze Zusammenfassung des Inhalts

Der Bäckermeister Alwin war eines Morgens nach Mexiko ausgewandert und wurde dort ein erfolgreicher und wohlhabender Fabrikant. Bei seiner Rückkehr nach Hannover 25 Jahre später erfährt er, dass seine Frau Myriam, die er damals verlassen hat, in großer Armut lebt. Er besucht sie in ihrer ehemaligen gemeinsamen Wohnung, macht ihr ein Angebot und bietet ihr Unterstützung an. Die Frau trinkt gerade ein Glas Likör, lehnt das Angebot ihres Mannes ab und bittet ihn, sie wieder mit „ihm" allein zu lassen.

Hauptteil
Charakterisierung der Hauptfiguren

Bäckermeister Alwin

In der Kurzgeschichte spielen lediglich zwei Personen eine Rolle: der Bäckermeister Alwin und dessen Frau Myriam. Die Informationen, die die Leser*innen über sie erhalten, sind sehr knapp. Über den Bäckermeister erfährt man, dass er an einem Tag nicht mehr in seine Backstube gekommen ist, seine Frau verlassen hat und nach Mexiko ausgewandert ist. Die Formulierung „eines Morgens" (Z. 1) lässt darauf schließen, dass dieser Entschluss des Mannes plötzlich erfolgt ist und wohl niemand anderes davon wusste. Auch die Beschreibung dieser Episode in einem einzigen Relativsatz deutet darauf hin, dass er offenbar von heute auf morgen abgereist ist. In Mexiko wurde Alwin ein „erfolgreicher Fabrikant" (Z. 3), wobei offenbleibt, wie ihm dies – über den Kauf von Anteilen an einer Papierfabrik hinaus – genau gelungen ist. Woher das Geld für den Kauf dieser Anteile stammte, wird im Text ebenfalls nicht erläutert. Es könnte also beispielsweise sein, dass er das mit seiner Frau gemeinsam Ersparte für diesen Zweck verwendet hat. Interessant ist, dass er sich von seinem ursprünglich erlernten Beruf (Bäcker) ganz abgewandt hat und in einen völlig anderen Berufszweig gewechselt ist. Vor seiner Rückkehr nach Hannover gehörten ihm schließlich 12 Papierfabriken – nicht nur in Mexiko, sondern in ganz Lateinamerika (vgl. Z. 3/4). Alwin hatte also großen beruflichen Erfolg und ist vermutlich dementsprechend wohlhabend. Über sein Alter erfährt man im Text nichts. Was im Text ebenfalls unklar bleibt, ist der Grund für seine Rückkehr nach Hannover. Seine Frau ist es nicht, denn er besucht Myriam erst, als er von ihrer schwierigen Situation erfährt. Dass ihm dieser Besuch nicht leichtfällt, geht aus der Formulierung „nahm er sich ein Herz" (Z. 7) hervor: Er muss sich offenbar überwinden, diesen Schritt zu tun. Man kann sich auch vorstellen, dass er ein schlechtes Gewissen hat. Von einer Entschuldigung Alwins oder einer Erklärung, weshalb er damals einfach so gegangen ist, ist im Text jedoch nicht die Rede. Stattdessen macht er seiner Frau ein „Angebot" (Z. 11) – wie dies genau aussieht, erfährt man nicht – und verspricht ihr Unterstützung. Sie lehnt jedoch ab.

Myriam

Über Myriam erfährt man im Text noch weniger als über Alwin. Sie wohnt noch in der gleichen „kleinen" (Z. 5) Wohnung, in der sie vor 25 Jahren mit ihrem Mann gelebt hat. Sie ist fünfzig Jahre alt und offenbar bitterarm (vgl. Z. 6/7). Es könnte sein, dass es ihr nach dem Weggang ihres Mannes nicht gelungen ist, beruflich Fuß zu fassen und für ihr Auskommen zu sorgen. Dass die „Küchenarbeit“ erwähnt wird, die sie anscheinend „immer“ (Z. 9) verrichtet hat, könnte ein Hinweis darauf sein, dass sie in ihrer gemeinsamen Zeit mit ihrem Mann Hausfrau war. Ihr Mann findet sie jedenfalls in einer Situation vor, die ihm aus früheren Tagen noch gut bekannt ist: Sie sitzt nach beendeter Hausarbeit an einem Tisch und trinkt ein Glas Likör. Obwohl sich Alwin nicht angekündigt hat, sondern „plötzlich“ (Z. 10) neben ihr steht, wirkt Myriam nicht überrascht und blickt nur kurz auf. Das Angebot ihres Mannes nimmt sie fast teilnahmslos zur Kenntnis, denn sie hört nur zu und sagt selbst gar nichts (vgl. Z. 11/12). Nach Alwins Hilfsangebot schüttelt sie den Kopf und bittet ihn, sie wieder mit ihm allein zu lassen. Wie es scheint, hat sie ihr Leben genau so weitergeführt, als wäre ihr Mann noch da bzw. ist er dies in ihrer Vorstellung sogar noch – allerdings der Ehemann, der er vor seinem Weggang war. Möglicherweise war die Verletzung durch sein plötzliches Verschwinden so groß, dass sie es einfach verdrängt hat. Um Alwins Hilfsangebot anzunehmen, ist sie vielleicht zu stolz. Möglich wäre auch, dass sie lieber das ärmliche Leben weiterführen möchte, an das sie sich in den letzten 25 Jahren gewöhnt hat, als in Kontakt mit dem „neuen“ Alwin, dem Fabrikanten, zu treten.

Erzählperspektive

Beim Lesen der Kurzgeschichte fallen sofort die nüchterne, sachliche Sprache und die knappen Beschreibungen auf. Der Schluss liegt also nahe, dass es sich um eine neutrale Erzählperspektive handelt. Tatsächlich erfährt man als Leser*in nichts über die Gefühle und Gedanken der Figuren, der Erzähler kommentiert oder wertet nicht. Eine kleine Ausnahme bildet die Aussage „nahm er sich ein Herz“ (Z. 7). Es wird deutlich, dass sich Alwin überwinden muss, seine Frau zu besuchen. Hier gewährt der Erzähler einen kurzen Einblick in die Gefühlswelt des Bäckermeisters.

Satzbau

Raum für Interpretationen bieten die Sätze der Kurzgeschichte also durchaus, obwohl sie insgesamt eher einfach und leicht verständlich aufgebaut sind. Nach dem einleitenden Relativsatz, der die Umstände von Alwins Auswanderung knapp zusammenfasst, folgt eine Satzreihe, d. h. einige kurze Aussagesätze. Ab Alwins Besuch bei seiner Frau (vgl. Z. 7–13) geht der Satzbau in Satzgefüge über – sozusagen dann, wenn Alwins Leben durch die Kontaktaufnahme mit seiner Frau ebenfalls wieder komplizierter wird.

Bezug zwischen Überschrift und Inhalt

Die Überschrift lässt auch einiges im Unklaren, denn es bleibt fraglich, was mit „Rückkehr" gemeint ist. Auch im Text steht lediglich: „kehrte er nach Hannover zurück" (Z. 4/5). Wie lange sein Aufenthalt in Hannover dauern soll oder ob er für immer zurückkommt, erfährt man nicht. Hier könnte man auch nochmals über das „Angebot" (Z. 11) spekulieren, das Alwin Myriam macht. Handelt es sich nur um finanzielle Unterstützung und sonstige Hilfe oder möchte er vielleicht auch zu seiner Frau zurückkehren?

Schluss

Transfer

Die Situation in der Kurzgeschichte hat vielleicht der ein oder andere selbst schon erlebt: Man kann in einer Beziehung nicht einfach dort wieder anfangen, wo man in der Vergangenheit aufgehört hat. Die Entscheidung der Frau, nicht einmal Alwins Unterstützung anzunehmen, zeigt deutlich, dass die Zeit eben nicht alle Wunden heilt und emotionale Verletzungen, die sich Menschen gegenseitig zufügen, oft lange nachwirken. Außerdem ist es natürlich so, dass sich Menschen im Laufe der Zeit verändern und manche Beziehungen dann einfach nicht mehr funktionieren. Wenn sich ein Partner weiterentwickelt, der andere jedoch immer „der Alte" bleibt, werden sie sich über kurz oder lang auseinanderleben.

Stellungnahme

Meiner Meinung nach ist es wichtig, mit dem anderen Menschen im Gespräch zu bleiben und sich dafür zu interessieren, was der oder die andere denkt und fühlt. Dadurch lebt man sich auch nicht so schnell auseinander. Möglicherweise wäre die Geschichte anders ausgegangen, wenn die beiden über ihre Wünsche und Vorstellungen für die Zukunft und ihre Beziehung gesprochen hätten.

Abrundung

Dies ist jedoch nur eine Möglichkeit, die Geschichte „Rückkehr“ weiterzudenken. Welche Erkenntnis die Leserin oder der Leser dieser Geschichte für sich persönlich mitnimmt, bleibt ihr oder ihm überlassen. Erstaunlich ist in jedem Fall, dass ein solch kurzer Text so viele Denkanstöße für das persönliche Leben, eigene Beziehungen und Freundschaften enthält.

TEIL A 1

Textverständnis

1. ***Hinweis:** Es ist sinnvoll, wenn du zuerst den Text und anschließend die einzelnen Fragen liest. Unterstreiche erst danach im Text die Passagen, die (Teil-)Antworten auf die Fragen enthalten. So findest du dich besser zurecht.*

   a) trifft zu
   b) trifft nicht zu
   c) trifft zu
   d) trifft nicht zu
   e) trifft nicht zu
   f) trifft zu

2. a) Millennials: Bei den sogenannten Millennials handelt es sich um Personen, die in den 1980er- und 1990er-Jahren geboren wurden.

   b) Juvenoia: Der Begriff „Juvenoia“ setzt sich zusammen aus „juvenil“ (= für junge Menschen typisch) und „Paranoia“ (= übertriebene Angst). Er bedeutet „Angst vor der Jugend und zugleich Angst um die Jugend“.

3. Im 20. Jahrhundert bestand häufig ein negativer, defizitärer Blick auf junge Menschen. Sie wurden als unfertige Erwachsene gesehen, die nicht ernst zu nehmen sind und manchmal sogar als gefährlich eingestuft wurden.

4. Jugendkulturen lassen sich heute nicht mehr als solche bezeichnen, weil in den verschiedenen Szenen das biologische Alter eine geringere Rolle spielt und eine Altersdurchmischung stattfindet (= juvenile Vergemeinschaftung).

5. Laut Jutta Allmendinger gibt es eine schleichende Revolution bei Lebensstil, Partnerwahl und Technik. Das bedeutet, dass sich das Berufsleben und andere Lebensbereiche besser miteinander vereinbaren lassen, die Ehe nur noch ein mögliches Lebensmodell darstellt und das Internet das Leben noch stärker beeinflussen wird als bisher.

Sprachgebrauch

6. a) zusehen: Zusammenschreibung aufgrund eines neuen Bedeutungszusammenhangs (Bedeutungsprobe); oder: Betonungsprobe: zusehen → Betonung nur auf der ersten Silbe „zu“, zu sehen → Betonung auf „zu“ und „seh“

   b) ✎ ***Hinweis:*** *Überlege, wann Wörter großgeschrieben werden müssen. Dies ist z. B. bei Satzanfängen, Eigennamen, Nomen oder Wörtern, die als Nomen verwendet werden (Nominalisierungen), der Fall. Ob es sich um eine Nominalisierung handelt, kannst du mithilfe der Artikelprobe herausfinden, indem du das Wort oder die Wortgruppe um einen Artikel ergänzt (z. B. „schnelles laufen / Laufen“ → „das schnelle Laufen“).*

   Herumnörgeln: Großschreibung aufgrund einer Nominalisierung → Artikelprobe, z. B. „(das) Herumnörgeln“, „(das) ständige Herumnörgeln“

   c) einläuten: Wortfamilie/Ableiten, z. B. der Laut – einläuten

7. ✎ ***Hinweis:*** *Erinnere dich an die Regeln zur Kommasetzung. Denke insbesondere daran, dass Haupt- und Nebensätze durch Kommas voneinander getrennt werden. Nebensätze erkennst du unter anderem daran, dass sie durch Relativpronomen oder Subjunktionen eingeleitet werden und das finite (gebeugte) Verb am Ende des Satzes steht. Bedenke, dass mit der verbindlichen Einführung des sogenannten Rechtschreibrahmens zwischen Konjunktionen und Subjunktionen unterschieden werden muss. Konjunktionen (z. B. „und“, „oder“, „denn“) sind nebenordnend und verbinden gleichrangige Wörter bzw. Sätze (z. B. „Er aß einen Salat und er aß auch ein Schnitzel.“), Subjunktionen (z. B. „weil“, „ob“, „dass“) sind hingegen unterordnend und leiten Nebensätze ein.*

   a) Schon in der Antike gab es die Vorstellung, dass alles immer schlechter wird.

   Begründung: Es handelt sich um ein Satzgefüge aus einem Haupt- und einem Nebensatz (HS, NS). Der Nebensatz ist ein Subjunktionalsatz, der mit „dass“ eingeleitet wird.

   b) Sokrates hatte viel an den jungen Leuten seiner Zeit auszusetzen, sein Schüler Platon teilte diese Kritik.

   Begründung: Es handelt sich um eine Satzreihe aus zwei Hauptsätzen (HS, HS).

8. ✎ **Hinweis:** *Suche jeweils zuerst nach dem Prädikat und unterstreiche es. Denke daran, dass es aus mehreren Teilen bestehen kann. Bestimme anschließend das Tempus, also die Zeitform, des jeweiligen Prädikats.*

   a) Präsens

   b) Perfekt

   c) Präteritum

   d) Futur I

9. ✎ **Hinweis:** *Überlege, welche Funktion das jeweilige Wort im Satz hat. Bei der Bestimmung der Wortart hilft dir auch die Ersatzprobe. Wenn es sich um die Subjunktion „dass" handelt, kannst du das Wort nicht durch ein anderes ersetzen. Falls ein Relativ- oder Demonstrativpronomen vorliegt, ist „das" die korrekte Schreibweise. In diesem Fall kannst du das Wort durch „welches" (Relativpronomen) oder „dieses" (Demonstrativpronomen) austauschen. Auch der bestimmte Artikel, der vor einem Nomen steht, wird „das" geschrieben und kann ebenfalls durch „dieses" ersetzt werden.*

   (1) Dass: Subjunktion

   (2) das: Demonstrativpronomen

   (3) Das: (bestimmter) Artikel

   (4) das: Relativpronomen

10. ✎ **Hinweis:** *Unterstreiche im vorliegenden Satz zuerst das Prädikat mit all seinen Teilen und überlege, um welche Zeitform (Tempus) es sich handelt, denn diese muss ins Passiv übernommen werden. Das Passiv bildest du dann mit der konjugierten Form des Hilfsverbs „werden" und dem Partizip II des Vollverbs, z. B. „öffnet" (Aktiv) → „wird geöffnet" (Passiv). Denke auch daran, dass das Objekt des Aktiv-Satzes zum Subjekt des Passiv-Satzes wird, z. B. „Paul öffnet die Tür." (Aktiv) → „Die Tür wird von Paul geöffnet." (Passiv)*

    In einem US-Magazin werden von der Autorin Jia Tolentino ruinierte Institutionen aufgezählt.

11. ✎ **Hinweis:** *Mit der indirekten Rede drückst du aus, was andere gesagt haben. Durch den Konjunktiv I machst du also deutlich, dass es nicht deine Ansichten oder Aussagen sind. Du bildest den Konjunktiv I wie folgt: Bei der Umformung von direkter zu indirekter Rede muss das Verb vom Indikativ in den Konjunktiv I umgewandelt werden, z. B. „er kommt" → „er komme". Lauten Konjunktiv I und Indikativ gleich, weicht man auf den Konjunktiv II aus, z. B. „ich komme" (Konjunktiv I = Indikativ) → „ich käme" (Konjunktiv II). Denke auch daran, dass sich die Pronomen bei der Umwandlung ändern können.*

    Der britische Althistoriker Matthew Shipton sagt, es **gebe** aus vielen antiken Kulturen Belege für diesen Stereotyp der respektlosen jungen Männer. / … **dass** es aus vielen antiken Kulturen Belege für diesen Stereotyp der respektlosen jungen Männer **gebe**.

12. Subjekt: David Finkelhorst

    Prädikat: forscht

    adverbiale Bestimmung der Zeit / Temporaladverbiale: seit Jahrzehnten

    adverbiale Bestimmung des Ortes / Lokaladverbiale: an der US-Universität New Hampshire

13. a) defizitär: unzulänglich, auf die Mängel blickend …

    b) bekritteln: bemängeln, tadeln, kritisieren …

    c) Phänomen: Erscheinung …

    d) Institution: Einrichtung …

TEIL A2 – LITERATUR

Gottfried Keller: Kleider machen Leute

14. **Hinweis:** *Suche in deiner Lektüre nach Textstellen, die Auskunft über Wenzel Strapinski geben, und versuche, daraus Eigenschaften abzuleiten, die man ihm zuschreiben könnte. Sicher hast du beim Lesen und Bearbeiten der Lektüre Markierungen und Notizen dazu gemacht. Wähle aus den möglichen Eigenschaften drei aus, die du am besten beschreiben kannst.*

    Mögliche Lösungen (nur drei erforderlich):

    - Man könnte Wenzel Strapinski für unentschlossen oder zögerlich halten, da er mehrfach versucht, der ihm aufgedrängten Rolle als Graf zu entfliehen, und sich dann schließlich doch jedes Mal wieder in die jeweilige Situation einfügt.
    - Man kann ihn sicher auch als ein bisschen naiv oder gutgläubig beschreiben, da er offenbar glaubt, dass die Hochzeit und Ehe mit Nettchen funktionieren könnte, ohne dass seine wahre Identität entlarvt wird.
    - Wahrscheinlich ist er auch eitel, da er den teuer wirkenden Mantel trägt und lieber Hunger leidet, als auf dieses Kleidungsstück und sein gepflegtes Äußeres zu verzichten, wie es am Anfang der Novelle heißt.
    - Außerdem scheint er schüchtern und unsicher zu sein. Er redet anfangs wenig, traut sich nicht, Nettchen anzusprechen und überlässt ihr immer wieder die Initiative.
    - Zudem ist er offenbar konfliktscheu, denn er meidet den Konflikt, der entstehen könnte oder würde, wenn er die Wahrheit über seine Herkunft sagen würde. Stattdessen verdrängt er den Gedanken, dass sein Handeln Konsequenzen haben könnte, und plant trotzdem die Hochzeit mit Nettchen.

15. *Mögliche Lösungen (nur zwei erforderlich):*

    - Eine seiner Sorgen ist sicher, nicht richtig mit Messer und Gabel essen zu können und dadurch gleich als Schwindler entlarvt zu werden.
    - Vielleicht denkt er auch, dass er, wenn er richtig zu essen beginnt, in das Spiel einsteigt und damit indirekt einwilligt, die Rolle anzunehmen. Er zögert aber und hat große Bedenken.
    - Möglicherweise lässt ihn auch die Sorge, dass ihn am Ende eine hohe Rechnung erwartet, beim Essen zögern.

16. *Mögliche Lösungen (nur drei erforderlich):*
- Er wägt ab, ob er gehen oder bleiben soll. Es spricht einiges dafür, zu bleiben, denn dies würde ein bequemes Leben, gutes Essen, Sicherheit und Wohlstand bedeuten.
- Allerdings würde er sich auch immer weiter verschulden, da er in seiner Rolle als Graf über seine Verhältnisse lebt.
- Dafür, jetzt zu gehen, spricht, dass er dadurch seine Freiheit wiedererlangen und seine Ehrlichkeit unter Beweis stellen würde. Zudem könnte er mit einem guten Gewissen weiterleben.
- Er ist sich aber auch bewusst, dass wieder Armut, harte Arbeit und Entbehrungen auf ihn warten, wenn er geht.

17. *Mögliche Lösungen (nur zwei erforderlich):*
- Naheliegend ist, dass Nettchen Zweifel kommen: Sie wird sich z. B. fragen, ob sie sich denn tatsächlich in einen armen Schneider verliebt hat und ob Wenzel sie belogen und betrogen hat.
- Sie fragt sich bestimmt auch, ob es sein kann, dass sie selbst und alle anderen sich so in ihm getäuscht haben.
- Nettchen wird sich sicher auch Gedanken darüber machen, wie sie jetzt vor den anderen dasteht und ob sie von ihnen verspottet wird.
- Möglicherweise überlegt sie auch, wie sie reagieren soll, wenn sie Wenzel wiedersieht.

18. ***Hinweis:** Für die Umsetzung der Schreibaufgabe ist eine gründliche Analyse der Aufgabenstellung notwendig. Verlangt ist in dieser Aufgabe …*
- *die **Textform „Tagebucheintrag“**, deren Textsortenmerkmale eingehalten werden müssen.*
- *eine **korrekte Verortung** des Textes (nach der Aussprache in Seldwyla). Es dürfen z. B. keine zukünftigen Ereignisse vorweggenommen werden.*
- *das **Aufgreifen der erwähnten Themenvorgaben**, also die Beschreibung von **Gründen für eine erneute Verlobung** und von **Gedanken** an **Wenzels Vergangenheit**. Hier ist es sinnvoll, sich die genannte Textstelle nochmals durchzulesen und dort zu unterstreichen, welche Aspekte des Gesprächs infrage kommen. Es können auch Formulierungen aus dem Originaltext übernommen oder in abgewandelter Form verwendet werden.*

Liebes Tagebuch,
es ist die Liebe, die dies möglich macht, nur die wahre Liebe ist dazu fähig. Und er liebt mich, Wenzel liebt mich und hat alles getan, um meine Liebe nicht zu verlieren. Es kann einen Neuanfang geben und das wird es auch! Sonst hätte ich ihn nicht gesucht, sonst hätte ich mein letztes bisschen Ehre zu retten versucht und mich als Opfer eines Betrügers dargestellt. Aber ich

wollte ihn suchen, wollte nicht, dass es so zu Ende geht. Es wird dennoch nicht leicht werden, wenn ich mir vorstelle, „nur“ mit einem Schneider verheiratet zu sein. Kein Graf, kein Ansehen, kein Wohlstand und sicherlich jede Menge Häme und Hohn. Aber ist es nicht meine Pflicht, meinem Herzen zu folgen? Den Melchior Böhni hätte ich längst haben können, aber was sind mir Sicherheit und Wohlstand wert, wenn das Herz es nicht zulässt? Wenzel ist ein redlicher Mann, der es nicht leicht hatte in seiner Jugend und für seine Mutter viele Opfer gebracht hatte. Wie kann man jemandem sein Verhalten verübeln, der dann in einen derartigen Sog gerät, dem sich eine Gelegenheit bietet, aus der man ihn nicht mehr entfliehen lässt? Er hat einen guten Charakter und das ist es doch, was zählt. Tüchtig sind wir schließlich beide, da werden wir uns sicher irgendwie über Wasser halten können. Und ist das Schneiderhandwerk nicht auch ein ehrbarer Beruf, der eine Familie ernähren kann? Lieber bin ich die liebende und geliebte Frau eines ehrenwerten Schneiders als die unglückliche und nicht liebende Frau eines anderen.
Nur Mut, Nettchen, alles wird seinen richtigen Lauf nehmen.

(260 Wörter)

oder:

Hinweis: *Für die Umsetzung der Schreibaufgabe ist eine gründliche Analyse der Aufgabenstellung notwendig. Verlangt ist in dieser Aufgabe …*

- *die* ***Textform „Innerer Monolog“****, deren Textsortenmerkmale eingehalten werden müssen.*
- *eine* ***korrekte Verortung*** *des Textes (Ende des Verlobungsfestes). Es dürfen z. B. keine zukünftigen Ereignisse vorweggenommen werden.*
- *das* ***Aufgreifen der erwähnten Themenvorgaben:*** *Hier ist es sinnvoll, sich die genannte Textstelle nochmals durchzulesen und zu unterstreichen, welche der dort aufgeführten Aspekte in den inneren Monolog eingebaut werden können. Es können auch Formulierungen aus dem Originaltext übernommen oder in abgewandelter Form verwendet werden.*

Die Bombe ist geplatzt. Die brennende Zündschnur hatte ich lange genug selbst in der Hand. Ich hätte es wissen müssen, wie konnte ich nur so blind und naiv sein? So naiv wie ein Kind, das die Augen zuhält und glaubt, dass es von keinem anderen gesehen werden kann, wenn es selbst nichts mehr sieht? Ich habe alles riskiert, alles auf eine Karte gesetzt und alles verloren. Was ist es, das mich im Inneren so erschüttert? Scham, Trauer, Reue, Schmerz? Eine bunte Mischung aus all dem … Der Schwindel ist aufgeflogen … Und was mache ich mir um mich selbst Gedanken? Mein Nettchen ist es, um die es geht … Was habe ich ihr nur angetan? Wie konnte ich nur dieses Risiko eingehen, ihr so wenig zu vertrauen, dass ich ihr nicht die Wahrheit gesagt habe, obwohl ich so an unsere Liebe glaubte? Was bin ich für ein Mensch, der seiner Liebsten diese Schmach zumutet? Unser Traum ist zerplatzt, ich habe sie verloren, habe mein ganzes Leben verloren und ihres zerstört … So stehe ich hier wiederum vor dem Nichts, ohne meine Liebe, ohne eine Zukunft, ohne eine Perspektive und hinterlasse verbrannte Erde. Genugtuung verspüren sie, der Böhni, der Schneidermeister, die Seldwyler, einfach alle, die diesen Plan mit dem Maskenzug und diesem schicksalsverändernden Schautanz geschmiedet haben … Ich hätte auf die dunkle Empfindung, die mich vor dem Gasthaus beschlich, hören sollen … Aber ich tat es nicht. Hochmut kommt vor dem Fall … Ach, Nettchen, wenn ich mich dir nur erklären dürfte, wenn du wüsstest, wie alles seinen Lauf genommen hat! Aber diese Hoffnung ist vergebens. Ein Wunsch, der sich nicht mehr erfüllen wird … (266 Wörter)

Hanna Jansen: Herzsteine

14. *Mögliche Lösungen (nur vier erforderlich):*
    - Sowohl Sam als auch Enna gelten als Außenseiter.
    - Beide fallen durch ihr Aussehen auf: Sam hat eine etwas dunklere Hautfarbe und Enna kleidet sich außergewöhnlich.
    - Beide haben „besondere“ Mütter: Helen ist Heilerin und Sams Mutter ist eine auffällige, afrikanische Schönheit.
    - Sam und Enna kommen beide nicht von der Insel, sind also keine „Einheimischen“.
    - Beiden ist es egal, was andere von ihnen denken.

15. ✎ **Hinweis:** *Suche in deiner Lektüre nach Textstellen, in denen Sams Mutter beschrieben wird. Sicher hast du beim Lesen und Bearbeiten der Lektüre Markierungen und Notizen dazu gemacht. Wähle aus den möglichen Eigenschaften diejenigen aus, die darauf hindeuten, dass Fe anders als andere Mütter ist.*

    Mögliche Lösungen (nur drei erforderlich):
    - Sam könnte an das äußere Erscheinungsbild seiner Mutter und ihre Extravaganz denken.
    - Vielleicht denkt er auch an die Sorgen, die er und sein Vater sich um seine Mutter machen.

- Sam könnte durch den Kopf gehen, dass seine Mutter und ihre Probleme, die ihm nicht bekannt sind, der Grund für den Umzug, den er nicht wollte, sind.
- Zudem könnten Sam die Stimmungsschwankungen seiner Mutter in den Sinn kommen und die Tatsache, dass sie für ihn nicht erreichbar bzw. wenig ansprechbar ist.
- In dem Moment könnte Sam auch an den Rückzug seiner Mutter aus der Familie denken.

16. *Mögliche Lösungen (nur drei erforderlich):*
    - Sie ist vermutlich gerührt, weil sie Dankbarkeit für die freundliche Geste verspürt und dadurch merkt, dass ihr der Weggang verziehen wird.
    - Zudem könnte die Kuh in ihr Erinnerungen an die eigene Kindheit wecken.
    - Außerdem fühlt sich diese Tradition für sie vielleicht wie eine Rückkehr zu den eigenen Wurzeln an, was sie emotional sehr berührt.
    - Sie verspürt eventuell auch Erleichterung, ein Gefühl der Versöhnung und hofft, dass sich der Kreis nun nach so vielen Jahren endlich schließt.
    - Es rührt sie vielleicht auch, dass es durch die Kuh in gewisser Weise auch für Sam etwas Bleibendes in Ruanda gibt.

17. *Mögliche Lösungen (nur zwei erforderlich):*
    - Er hat das Gefühl, zwischen allen Stühlen zu sitzen, weil er sich beispielsweise weder in Deutschland noch in Afrika richtig zugehörig fühlt. In Afrika ist ihm die Sprache fremd und er versteht nicht alles von der Kultur. In Deutschland ist er auch ein Außenseiter.
    - Außerdem hat er in beiden Ländern eine untypische Hautfarbe: In Deutschland fällt er auf, weil seine Hautfarbe dunkler ist, und in Ruanda wird er aufgrund seiner im Vergleich helleren Haut als *Weißer* wahrgenommen.
    - Zudem fühlt er sich durch den Umzug nach Sylt auch dort nicht richtig heimisch, da alles, was ihm vertraut war und was er mochte, z. B. das Haus der Familie, seine beiden besten Freunde oder sein Schwimmverein, in Hamburg ist.
    - Sogar Kleinigkeiten wie die Tatsache, dass Sams Vater als Schulmediziner Handauflegen usw. als „Humbug“ (S. 51) abtut und sich über Ennas Mutter, die Heilerin ist, lustig macht, können Sam das Gefühl geben, zwischen den Stühlen zu sitzen.

18. *__Hinweis:__ Für die Umsetzung der Schreibaufgabe ist eine gründliche Analyse der Aufgabenstellung notwendig. Verlangt ist in dieser Aufgabe …*
- *die __Textform „Innerer Monolog"__, deren Textsortenmerkmale eingehalten werden müssen.*
- *eine __korrekte Verortung__ des Textes (Rückflug von Ruanda nach Brüssel).*
- *das __Aufgreifen der erwähnten Themenvorgaben__, also von Gedanken über seine __Reise nach Ruanda__ sowie Überlegungen dazu, inwiefern seine __Erkenntnisse und Erfahrungen sein Leben__ und die __Beziehung zu seinen Eltern__ verändern könnten.*

Von hier oben sieht alles so einfach aus. Nur ein paar Stunden liegen zwischen diesen beiden Ländern, aber in Wirklichkeit trennen uns Welten. Das hätte ich nie für möglich gehalten, obwohl ich doch auch früher schon wusste, dass Mum aus Ruanda kommt. Was hatte ich mir denn damals nur vorgestellt? Was hat Dad sich vorgestellt? Wenn ich Ruanda gekannt hätte, wenn ich die Geschichte von Mum gekannt hätte, wenn ich das Leben dort gekannt hätte … Ja, dann wäre es mir nicht so schwergefallen, Mums Probleme zu sehen und zu verstehen. Jetzt ist mir so vieles klar geworden. Diese beiden Leben lassen sich einfach nicht miteinander vereinbaren. Man muss sich offenbar entscheiden. Und jetzt hat sie sich entschieden – für Ruanda. Aber heißt das auch gegen uns? Armer Dad, für ihn tut es mir fast noch mehr leid als für mich selbst … Ich habe Enna, die ich liebe, die mein Leben in Deutschland ist … mein Leben auf Sylt … Aber Dad hat alles verloren, ohne eigene Schuld. Er hat alles getan, was möglich war … Aus Liebe hat er alles für Mum getan, aber ihre Liebe war nie groß genug … Vielleicht war sie dankbar, aber nicht verliebt …

Tief in mir gibt es sie natürlich noch, die Hoffnung, dass alles wieder gut werden wird, aber der erwachsene Teil in mir ahnt schon, dass ich mich mit der Situation abfinden muss. Als junger Mensch muss man sich früher oder später für einen eigenen Weg entscheiden. Man bleibt ja nicht ewig bei den Eltern. Mein Leben geht mit Enna weiter, auf Sylt, wenn sie es auch will …

(261 Wörter)

oder:

__Hinweis:__ Für die Umsetzung der Schreibaufgabe ist eine gründliche Analyse der Aufgabenstellung notwendig. Verlangt ist in dieser Aufgabe …

- *die __Textform „Brief“__, deren Textsortenmerkmale (z. B. Adressat, Aufbau) eingehalten werden müssen.*
- *eine __korrekte Verortung__ des Textes (kurz vor dem Rückflug von Ruanda nach Brüssel).*
- *das __Aufgreifen der erwähnten Themenvorgaben__, also __Gründen, warum Sam auf Sylt bleiben__ möchte.*

Lieber Peter,
sei nicht verwundert, dass du heute einen Brief von mir bekommst, aber es gibt etwas, das ich dringend mit dir besprechen möchte. Es war wirklich toll von dir, dass du uns in deinem Haus auf Sylt hast wohnen lassen. Wir hatten so große Hoffnung, dass der Umzug Mum guttun würde und sie dort zur Ruhe kommen kann. Es hat auch tatsächlich etwas bewirkt, aber leider anders als gedacht. Sie hat gemerkt, dass Ruanda ihre Heimat ist und dass sie dorthin zurückkehren muss. Diese Erkenntnis ist natürlich nicht so schön für Dad und mich, aber was sollen wir machen? Mir hat die Reise in das Land meiner Mutter die Augen geöffnet. Ich hatte ja keine Ahnung von allem, von dem Land, von seiner Vergangenheit und von Mums Vergangenheit, die ja auch irgendwie meine eigene ist. Am Ende ist es nun aber so, dass Dad wieder nach Hamburg geht, Mum in Ruanda leben wird und ich gerne auf Sylt bleiben möchte. Ich habe dort meine Freundin Enna kennengelernt und will wenigstens nicht auch noch sie verlieren. Das verstehst du doch sicherlich. Das würde aber bedeuten, dass ich irgendwo wohnen muss, wenn ich ohne meine Eltern auf der Insel bleiben möchte. Denkst du, dass ich weiterhin bei dir im Haus wohnen könnte? Ich muss so langsam auf eigenen Beinen stehen und für mich eine Entscheidung treffen, die sich richtig anfühlt. Und das mit Enna fühlt sich vollkommen richtig an.
Lass mich bitte wissen, ob das mit dem Wohnenbleiben im Haus für dich vorstellbar wäre.
Herzliche Grüße
Sam

(256 Wörter)

TEIL B

Aufgabe 1: Erörterung

*✐ **Hinweis:** Lies die **Aufgabenstellung** gründlich, damit dir beim Lesen des Textes jederzeit bewusst ist, zu welcher **Themenfrage** du sachdienliche Informationen suchen sollst. Nutze zum Zusammentragen der jeweils drei vollständigen Argumente ein Blatt, das du in jeweils neun Felder (3 × die 3 Bs) unterteilst. So kannst du für jede Seite des Themas (Pro und Kontra) sicherstellen, dass du immer eine **B**ehauptung, eine **B**egründung und ein **B**eispiel im Text gefunden oder selbst ergänzt hast.*

Aufsatzbeispiel

Einleitung

Hinführung zum Thema

Es gehört fast schon zum täglichen Bild, dass sich Erwachsene am Kiosk oder an der Tankstelle Energy-Drinks kaufen. Dieses Verhalten ist aber auch bei Jugendlichen und sogar Kindern zu beobachten.

Materialgrundlagen und Quellen

Mit diesem Thema befasst sich ebenfalls der vorliegende Artikel von Anna Van Dorn und Jens Eberl mit dem Titel „Süßer Kick mit Nebenwirkungen“, in dem es um Energy-Drinks und ihre Nebenwirkungen geht. Der Text stammt von der Internetseite der Tagesschau. Das angefügte Schaubild „Jedes 5. Schulkind trinkt regelmäßig Energydrinks“ von Frauke Suhr ist auf der Internetseite von Statista zu finden und wurde am 05. 09. 2019 veröffentlicht.

Themenfrage

Auf Grundlage der zur Verfügung stehenden Informationen stellt sich die Frage, ob es eine Altersbeschränkung für Minderjährige beim Kauf und Konsum von Energy-Drinks geben sollte.

Hauptteil

Überleitung

Es gibt einige gute Gründe dafür, dass Energy-Drinks keine Altersbeschränkung haben.

Kontra 1: Erhöhung des Kaufanreizes durch ein Verbot

So ist ein gesetzliches Verbot von Energy-Drinks nicht unbedingt zielführend, da Verbote gerade für Jugendliche erst recht den Kaufanreiz erhöhen könnten. Den Getränken würde z. B. eine viel zu große Aufmerksamkeit geschenkt, die Jugendliche, die bisher keine Energy-Drinks konsumieren, erst auf die Produkte aufmerksam machen würde. Zudem trinken immerhin 81 % aller Kinder und Jugendlichen nicht regelmäßig Energy-Drinks, weshalb ein Verbot bei einer eher geringen Zahl an Konsumentinnen und Konsumenten nicht notwendig erscheint (vgl. Material 1).

Gegen eine gesetzlich geregelte Altersbegrenzung spricht auch, dass der Staat nicht in allen Bereichen des Lebens in das Selbstbestimmungsrecht von Kindern und Jugendlichen eingreifen kann, weil schließlich nicht alles, was vernünftiger, pädagogisch wertvoller oder gesünder wäre, vom Staat reguliert und dann auch überwacht werden kann. Auch zuckerhaltige Süßigkeiten oder fettige Chips sind schließlich nicht verboten, obwohl sie nachweislich in größeren Mengen zu Fettleibigkeit und damit zu gesundheitlichen Problemen führen können. Vielmehr sollte man mit Kindern und Jugendlichen einen sinnvollen Umgang mit Genussmitteln besprechen und üben.

Kontra 2: Staatlicher Eingriff in das Selbstbestimmungsrecht

Und schließlich geht von Energy-Drinks bei angemessener Dosierung auch nur ein geringes Gefährdungspotenzial aus, da eine 250-ml-Dose eines Energy-Drinks 80 mg Koffein enthält, aber für einen gesunden Erwachsenen laut Europäischer Behörde für Lebensmittelsicherheit (ESFA) bis zu 400 mg Koffein pro Tag unbedenklich sind (vgl. Material 2, Z. 10–13). Diese Menge an Koffein entspricht in etwa fünf 250-ml-Dosen pro Tag. Selbst wenn die Grenzwerte für Kinder und Jugendliche nur bei der Hälfte lägen, könnten diese also trotzdem rund zweieinhalb Dosen pro Tag trinken, ohne gesundheitliche Folgen aufgrund des enthaltenen Koffeins befürchten zu müssen. Bei angemessener Dosierung sind Energy-Drinks demnach auch nicht gefährlicher als andere koffeinhaltige Getränke wie Cola oder Kaffee.

Kontra 3: Geringes Gefährdungspotenzial bei angemessener Dosierung

Dennoch gibt es zu Recht auch Stimmen, die sich für eine Altersbeschränkung von Energy-Drinks aussprechen.

Überleitung

Dafür spricht, dass Kinder und Jugendliche ihr eigenes Konsumverhalten nur schwer regulieren können, weil sie Risiken und Folgen noch nicht so gut abschätzen und daher nicht so vernünftig mit ihrem Konsum umgehen können. So fiel es sogar einem offenbar jungen Erwachsenen wie Felix, der im Artikel erwähnt wird (vgl. Material 2), bis zu seinem Arztbesuch schwer, einzuschätzen, welche gesundheitlichen Folgen sein übermäßiger Energy-Drink-Konsum haben kann. Da ist es naheliegend, dass Heranwachsende

Pro 1: Mangelnde Fähigkeit von Kindern und Jugendlichen, das eigene Konsumverhalten einzuschätzen und zu regulieren

erst recht Probleme damit haben dürften. Daher sind auch andere Bereiche zum Schutz von Kindern und Jugendlichen gesetzlich geregelt, z. B. Altersbeschränkungen bei Filmen oder Alkohol- und Nikotinverbote für Minderjährige. Erwachsenen traut man eher zu, Risiken abzuwägen und ihr Konsumverhalten zu regulieren. Bei Kindern und Jugendlichen müssen dies die Erziehungsberechtigten und der Staat übernehmen.

Pro 2: Gesundheitliche Risiken

Ein weiterer Grund, ernsthaft über eine Altersbeschränkung für Energy-Drinks nachzudenken, sind die gesundheitlichen Risiken, die der Konsum bergen kann. So sind laut des Verbraucherzentrale Bundesverbandes „Nervosität, Schlaflosigkeit, Übelkeit, Kopfschmerzen, Schweißausbrüche, Bluthochdruck, Herzrasen, Wahrnehmungsstörungen, Herz-Rhythmusstörungen oder Kreislaufkollaps" (Material 2, Z. 15–17) mögliche Folgen von übermäßigem Koffeinkonsum. Der Kardiologe Tobias Neumann aus Stuttgart macht sich zudem Sorgen, ob Energy-Drinks und die darin enthaltenen Substanzen für einen so jungen Organismus gut seien, besonders da deren Wechselwirkungen nicht erforscht sind (vgl. Material 2, Z. 33–35). Kombiniert mit Alkohol ergibt sich zusätzlich eine besonders gefährliche Mischung, denn durch die Inhaltsstoffe von Energy-Drinks wird die Wirkung von Alkohol zunächst überdeckt. Dadurch kann es zu einer höheren Risikobereitschaft bei den Konsumierenden und einer erhöhten Unfallgefahr kommen (vgl. Material 2, Z. 39–45), was wiederum eine Gefahr für die Gesundheit darstellt.

Pro 3: Schutz vor süchtig machenden Inhaltsstoffen

Eine Altersbeschränkung hat insbesondere dann ihre Berechtigung, wenn sie als Schutz vor einem Suchtmittel eingeführt wird. Es ist unumstritten, dass Energy-Drinks Inhaltsstoffe, die süchtig machen können, enthalten. Dabei handelt es sich um Stoffe wie Koffein, Zucker und Taurin (vgl. Material 2, Z. 24–26). In einer Talkshow hat unlängst eine junge Frau davon berichtet, wie ihre Sucht nach Energy-Drinks ihr Leben bestimmt hat. Sie beschrieb, dass ihr ganzes Denken und Handeln nur noch auf die Beschaffung von Energy-Drinks ausgerichtet war und sie regelrecht in Panik geriet, wenn sie keine Flasche oder Dose mehr vorrätig hatte. Ohne das Suchtmittel hatte sie das Gefühl, den Tag nicht mehr bewältigen zu können.

Schluss
Fazit

So komme ich abschließend zu dem Ergebnis, dass eine Altersbeschränkung eine gute Möglichkeit sein könnte, um Kindern und Jugendlichen, aber auch Erwachsenen die Gefahren von Energy-Drinks aufzuzeigen und die Minderjährigen vor negativen gesundheitlichen Folgen zu schützen. Vielleicht werden dann auch Erwachsene hellhörig und kaufen ihren Kindern diese Produkte nicht mehr oder machen sich selbst Gedanken über die Wirkung von Energy-Drinks. Auf Dauer kann es nämlich nicht gesund sein, seinen Schlafmangel mit Aufputschmitteln zu überdecken – weder für Kinder und Jugendliche noch für Erwachsene.

Aufgabe 2: Textbeschreibung Lyrik

*Hinweis: Notiere dir vor der Bearbeitung des Gedichts nochmals den **Aufbau**, den deine Textbeschreibung haben muss. Das hilft dir dabei, später keines der Elemente zu vergessen. Lies anschließend die **Aufgabenstellung** gründlich durch, damit dir beim Lesen des Gedichts jederzeit bewusst ist, welche Aspekte du untersuchen und später beschreiben musst. Kläre im Vorfeld für dich, was man unter den in der Aufgabe genannten **Aspekten** versteht, z. B. was mit „sprachlichen Mitteln" gemeint ist. Unterstreiche dann beim Lesen des Gedichts bedeutsame Textstellen und mache dir am Rand Notizen dazu, zu welchen Aspekten diese gehören und welche Wirkung durch die sprachlichen Mittel jeweils erzeugt wird.*

Aufsatzbeispiel

Einleitung

Informationen zum Text mit Kern- / Basissatz

In Bertolt Brechts Gedicht „Fahrend in einem bequemen Wagen" aus dem Jahr 1937, das zur Erlebnislyrik gezählt werden kann, geht es um die Reflexion des eigenen Fehlverhaltens nach einer egoistischen Handlung. Abgedruckt wurde es in einem Sammelband mit Brechts lyrischen Werken, der im Jahr 2000 beim Suhrkamp Verlag mit dem Titel „Die Gedichte" erschienen ist.

kurze Zusammenfassung des Inhalts

Im Gedicht ist ein lyrisches Ich bei Anbruch der Nacht in einem geräumigen und komfortablen Wagen auf der Landstraße unterwegs, als eine verwahrloste Person um Mitnahme bittet. Das lyrische Ich verweigert diese allerdings, ist später aber erschrocken über sein eigenes Handeln.

Hauptteil

Ort und Zeit

Der Text enthält kaum konkrete Orts- bzw. Zeitangaben und auch die Beschreibungen der Umgebung oder der handelnden Figuren sind so vage gehalten, dass sie keine Rückschlüsse darauf zulassen. Man erfährt jedoch, dass sich das Geschehen auf einer Landstraße abspielt, es gerade dunkel geworden und regnerisch ist („Auf einer regnerischen Landstraße [...] bei Nachtanbruch", V. 1 / 2). Da genaue Beschreibungen und Angaben wie ein Datum oder die Nennung der Gegend fehlen, könnte die Handlung im Grunde zu jeder Zeit und an jedem Ort stattfinden.

Atmosphäre

Der Begriff „Landstraße" (V. 1) lässt darauf schließen, dass es sich um keine viel befahrene Straße handelt, was ein gewisses Gefühl von Einsamkeit hervorruft. Diese Einsamkeit, das regnerische und damit trübe Wetter sowie die hereinbrechende Nacht erzeugen eine eher düstere und unangenehme Atmosphäre, in der man sicherlich nicht gerne draußen unterwegs ist. Einen Gegensatz dazu stellt die Beschreibung des Fahrzeugs dar. Dieses besitzt „ein Dach“ (V. 4) und „Platz“ (V. 4) und bietet somit sowohl Schutz vor dem Regen als auch einen gewissen Komfort, was bereits in der Überschrift durch die Formulierung „bequemen Wagen“ zum Ausdruck kommt.

Verhalten und Motiv des lyrischen Ichs

Das lyrische Ich ist also in der glücklichen Situation, sich in einem bequemen Wagen zu befinden, während es draußen sehr ungemütlich ist. Dort sieht es einen Hilfesuchenden, den es als „zerlump[t]“ (V. 2) beschreibt. Einerseits weiß das lyrische Ich, dass im Wagen noch Platz für die Person wäre, andererseits erscheint es ihm aber offenbar nicht erstrebenswert, eine solche Person in den vermutlich ordentlichen und sauberen Wagen einsteigen zu lassen. Das lyrische Ich wägt ab und entscheidet sich, die Person nicht mitfahren zu lassen, indem es sagt: „Wir können niemand mitnehmen.“ (V. 6) Das lyrische Ich beschreibt seine Stimme selbst als „grämlic[h]“ (V. 5), also als mürrisch und missmutig und damit eindeutig negativ. Das Gesagte soll demnach gar nicht bedauernd klingen. Und obwohl es die Entscheidung allein fällt, verwendet es das Personalpronomen „Wir“ (V. 6). Dies lässt einen annehmen, dass das lyrische Ich nicht allein im Wagen sitzt und sich mit seiner kaltherzigen Entscheidung hinter diesem „Wir“ versteckt. Vermutlich ist dem lyrischen Ich zu diesem Zeitpunkt schon klar, dass es eine unbarmherzige und egoistische Entscheidung getroffen hat. Ins Bewusstsein kommt es ihm aber erst eine ganze Weile („einen Tagesmarsch“, V. 7) später, denn da erschrickt es über sein Tun und seine Worte. Die Bezeichnung „Tagesmarsch“ (V. 7) wird hier vermutlich verwendet, weil das lyrische Ich die zurückgelegte Strecke nun aus Sicht des Wanderers, der noch so viel Weg in der Nacht bei Regen vor sich hat, wahrnimmt. Das lyrische Ich ist im Nachhinein überrascht über seine Stimme, die grämlich klang und eine egoistische Entscheidung verkündet hat. Auch sein egoistisches Verhalten, das es vielleicht gar nicht von sich selbst erwartet hätte oder nicht gut findet, scheint es zu schockieren. Außerdem merkt es in diesem Moment wohl, dass das eigene Verhalten repräsentativ für das Verhalten vieler Menschen auf der Welt sein dürfte.

Gegenüberstellung von Arm und Reich anhand sprachlicher Mittel

Die im Gedicht dargestellten Unterschiede zwischen Arm und Reich lassen sich anhand einiger sprachlicher Mittel gegenüberstellen. Bereits die Formulierung „bequeme[r] Wagen" in der Überschrift macht deutlich, dass das lyrische Ich privilegiert ist, und dient damit als Symbol für dessen Reichtum. Da das Gedicht aus dem Jahr 1937 stammt, ist davon auszugehen, dass vermutlich nicht jede Person im Besitz eines solchen Wagens war oder sich eine Fahrt damit leisten konnte. Hier hat jemand das nötige Geld, um sich nicht nur einen Wagen leisten zu können, sondern sogar einen bequemen, der zudem genügend „Platz" und ein „Dach" (V. 4) bietet. Durch den Parallelismus „Wir hatten [...] wir hatten [...] wir fuhren" (V. 4) wird noch einmal betont, was die Reisenden im Wagen alles besitzen und in welcher glücklichen Lage sie sich befinden. Zudem wird durch die Wiederholung des Personalpronomens „wir" (z. B. V. 2, 4, 5) deutlich, dass das lyrische Ich – im Gegensatz zur Person auf der Straße – Teil einer privilegierten Gruppe ist. Die Person, die zu Fuß auf der Straße unterwegs ist, scheint in den Augen des lyrischen Ichs nicht einmal eine Identität zu besitzen, denn sie wird nur als „Mensc[h]" (V. 2) und nicht einmal als „Mann" oder „Frau" bezeichnet. Dass dieser Mensch arm ist und ein großer Standesunterschied zwischen ihm und den Wageninsassen besteht, zeigen neben dem Adjektiv „zerlump[t]" (V. 2) auch die beiden Partizipien „fahrend" (Überschrift) und „verbeugend" (V. 3): Während die Reichen bequem in ihrem Wagen fahren, verbeugt sich die arme Person tief und damit unterwürfig vor ihnen. Die im Gedicht verwendete Sprache trägt also deutlich dazu bei, dass die Unterschiede zwischen Arm und Reich hervorgehoben werden.

Schluss

persönliche Stellungnahme mit Transfer

Das Nachdenken über das eigene Verhalten und die Erkenntnis, dass viele Entscheidungen egoistischer Natur sind, kommen in Brechts Gedicht gut zur Geltung. Sicher kennt jede*r Situationen, in denen man wie das lyrische Ich selbstsüchtige oder für einen selbst bequemere Entscheidungen gefällt hat, z. B. wenn man jemanden aus egoistischen Gründen nicht in der eigenen Gruppe mitarbeiten lassen oder jemandem aus Bequemlichkeit keine Mitfahrmöglichkeit geben möchte. Oder vielleicht wirft man ungenutzte Dinge lieber weg, als sie mit ein bisschen Mehraufwand in ein Sozialkaufhaus zu bringen. Mich spricht der Text gerade deshalb an, weil er mich an solche Situationen erinnert. Es ist zwar schön, dass das lyrische Ich über sein Vorgehen erschrickt, aber auch schade, dass der Wagen nicht umdreht und den Hilfsbedürftigen doch noch mitnimmt. Leider bleibt die Erkenntnis für das lyrische Ich ohne Folgen. Aber immerhin ist sie ein erster Schritt in die richtige Richtung. Bei mir soll es anders sein: Ich will nicht nur über mein Verhalten nachdenken, sondern es auch tatsächlich verändern.

Aufgabe 3: Textbeschreibung Prosa

✎ ***Hinweis:*** *Notiere dir vor der Bearbeitung des Textes nochmals den* ***Aufbau****, den deine Textbeschreibung haben muss. Das hilft dir dabei, später keines der Elemente zu vergessen. Lies anschließend die* ***Aufgabenstellung*** *gründlich durch, damit dir beim Lesen des Textes jederzeit bewusst ist, welche Aspekte du untersuchen und später beschreiben musst. Kläre im Vorfeld für dich, was man unter den in der Aufgabe genannten* ***Aspekten*** *versteht, z. B. was mit „Konfliktverlauf" gemeint ist. Unterstreiche dann beim Lesen des Textes bedeutsame Textstellen und mache dir am Rand Notizen dazu, zu welchen Aspekten diese gehören.*
Überlege vor der Ausformulierung des Aufsatzes, ob du die geforderten Aspekte einzeln aufführen kannst oder ob sie so zusammenhängen, dass es sinnvoller ist, sie miteinander zu verbinden. Oftmals können z. B. sprachliche Mittel schon bei einem anderen Aspekt aufgegriffen werden, weil sie dort ohnehin zur Veranschaulichung der Aussagen genannt werden müssen.

Aufsatzbeispiel

Einleitung
Informationen zum Text mit Kern-/Basissatz

In der Kurzgeschichte „Partnerarbeit", die von der Autorin Stefanie Dominguez verfasst wurde, geht es um das Überwinden von Ausgrenzung und das Zulassen von Nähe. Der Text erschien 2013 im Buch „P.A.U.L.D. Oberstufe" vom Schöningh Verlag.

kurze Zusammenfassung des Inhalts

Die Schülerin Tessa hat in ihrer Klasse schon viele Erfahrungen damit gemacht, ausgegrenzt und ausgelacht zu werden. Sie sitzt deshalb auch allein an einem Tisch im Klassenzimmer. Unerwartet sucht sich ihr Klassenkamerad Ben während des Religionsunterrichts Tessa als Arbeitspartnerin für eine Aufgabe aus, die in Partnerarbeit gelöst werden soll, und setzt sich zu ihr. Tessa reagiert zunächst misstrauisch und ablehnend, aber Ben lässt sich nicht abwimmeln und entschuldigt sich sogar dafür, dass auch er früher über sie gelacht hat. Tessa will jedoch kein Mitleid und ist wegen Bens Bemühungen sogar wütend. Als Simon, ein Klassenkamerad, der Tessa schon seit Jahren besonders zusetzt, sich wieder auf ihre Kosten amüsieren will, stellt sich Ben gegen ihn und beweist damit, dass er ernsthaftes Interesse an ihr hat.

Hauptteil
Verhalten und Motive der handelnden Figuren und sprachliche Mittel

Ob Ben Wolfs Versuch, mit Tessa in Partnerarbeit zu arbeiten, ernst gemeint ist, weiß man zunächst nicht. Er selbst gibt als Motiv für sein Handeln bzw. Verhalten an, dass sein bisheriger Tischnachbar krank sei, Tessa auch allein sitze und die Aufgabe in Partnerarbeit gemacht werden solle (vgl. Z. 10/11, Z. 20/21).

Wäre Tessa nicht eine Außenseiterin in der Klasse, könnte man die Begründung für nachvollziehbar halten. Aufgrund ihrer negativen Erfahrungen glaubt Tessa ihm aber offenbar nicht und reagiert abwehrend auf seinen Vorschlag.

Bens Motiv: Versuch einer Wiedergutmachung

Ben versucht die Aufrichtigkeit seiner Absicht zu beweisen, indem er sich bei Tessa dafür entschuldigt, dass er früher ebenfalls über sie gelacht hat. Er nähert sich ihr auch körperlich und berührt sie.

Tessas Motiv: Abwehr und Misstrauen

Tessa verhält sich weiterhin ablehnend und bleibt misstrauisch. Sie nimmt vermutlich an, dass irgendeine böse Absicht hinter Bens Handlung steckt, zumal es in der Partnerarbeit um das Thema „Freundschaft" geht, was die Situation für sie noch unglaubwürdiger erscheinen lässt.

sprachliche Mittel: Metapher

Die Metapher „wie sie ihm das letzte Wort vor die Füße spuckte" (Z. 42/43) macht deutlich, wie empört sie darüber ist, dass Ben ausgerechnet zum Thema „Freundschaft" in Partnerarbeit mit ihr arbeiten will.

Wortspiel

Ben möchte die Situation offenbar entschärfen und macht einen kleinen Scherz. Durch das Wortspiel ihrer beider Nachnamen (vgl. Z. 44/45), das aufgrund der beiden Tiernamen eine lustige Wirkung hat, gelingt es ihm, Tessa gegen ihren Willen zum Lachen zu bringen.

Vergleiche

Tessa vergleicht daraufhin die Augen der Personen, die normalerweise über sie lachen, mit blitzenden Kieselsteinen („Wie die Kieselsteine, die ihr Bruder manchmal sammelte. So blitzend.", Z. 48/49). Das verleiht ihnen auch deshalb eine positive Wirkung, weil diese Kieselsteine so begehrt erscheinen, dass ihr Bruder sie sogar sammelt. Im Gegensatz dazu vergleicht sie ihre eigenen Augen mit Kieselsteinen, die ins Wasser geworfen werden, weil sie niemand nach Hause mitnehmen will („Höchstens wie Kieselsteine […] nicht einmal ihr Bruder.", Z. 50/51). Sich selbst sieht sie also negativ. Die beiden Vergleiche veranschaulichen damit auch, dass Tessa sich offenbar abgelehnt und im Vergleich zu den anderen minderwertig fühlt.

Die plötzliche und ungewohnte Nähe zwischen Tessa und Ben fällt auch den Mitschülerinnen und Mitschülern auf. Simon Bösenecker, der sonst auch für den Spott über Tessa verantwortlich zu sein scheint, möchte Tessa wieder einmal kränken und bloßstellen.

Simons Motiv: Kränkung und Bloßstellung von Tessa

Er fragt Ben daher ironisch, ob dieser gerade mit der Klassenschönheit flirte (vgl. Z. 54/55). Durch die Ironie in Simons Frage wird jedoch klar, dass er Tessa keineswegs hübsch findet und es in seinen Augen auch ausgeschlossen ist, dass Ben tatsächlich mit ihr flirten könnte. Ben reagiert aber für alle unerwartet, indem er den Flirtversuch bejaht.

sprachliche Mittel: Ironie

Da Simon niemals mit der Bejahung dieser Frage gerechnet hätte, handelt es sich um eine rhetorische Frage. Er hatte vielmehr angenommen, dass Ben abwehrend reagiert und Tessa damit erneut gekränkt wird. Auch zu Beginn der Stunde sorgt Simon mit einer rhetorischen Frage für Lacher über Tessas Kleidungsstil („Aus der Kleidersammlung?", Z. 4). Seine als Frage getarnte Beleidigung verfehlt ihre Wirkung in der Klasse nicht. Er setzt demnach immer wieder gezielt rhetorische Fragen ein, um sich über Tessa lustig zu machen.

rhetorische Fragen

Ob Ben tatsächlich mit Tessa flirtet oder ob er die Frage nur bejaht, um Tessa nicht bloßzustellen, bleibt offen. In jedem Fall stellt er sich gegen Simon und ergreift Position für Tessa, die hier ganz klar die Schwächere ist.

Unklarheit über Bens Motiv für sein Verhalten gegenüber Tessa am Ende

Betrachtet man den Verlauf des Konflikts, muss man davon ausgehen, dass Tessas Situation eine Vorgeschichte hat. Sie wird ausgegrenzt, sitzt als Einzige allein und ist immer wieder dem Spott der Mitschüler*innen ausgesetzt.

Konfliktverlauf

Als sich Ben in der Religionsstunde zu ihr setzt, hält sie dies daher wieder für eine Form der Bloßstellung und reagiert abwehrend. Ben lässt sich allerdings nicht von seiner Bemühung, die gestellte Aufgabe in Partnerarbeit mit Tessa zu erledigen, abbringen und entschuldigt sich bei ihr für sein Benehmen in der Vergangenheit. Es gelingt ihm schließlich, sie durch Humor für sich einzunehmen. Simon, der Tessa offenbar schon immer als Opfer für seine Gemeinheiten auserkoren hatte, stört sich aber an der Zusammenarbeit von Ben und Tessa. Er stichelt bzw. beleidigt Tessa daher mit dem Zweck, dass Ben sich durch Simons Äußerung von Tessa distanziert.

Auch wenn die anderen Klassenmitglieder über Simons Stichelei lachen, geht der Konflikt eher für Simon schlecht aus, da Ben nicht darauf eingeht, sondern offenlässt, ob es sich nicht doch um einen Flirtversuch mit Tessa handeln könnte. Damit stellt Ben am Ende eigentlich Simon bloß, weil dessen angeblicher Scherz dadurch als Gemeinheit, der keiner mehr stillschweigend zustimmt, entlarvt wird. Es wird deutlich, dass es Simon nur darum ging, seine Mitschülerin zu ärgern und zu demütigen. Am Ende stellt sich endlich jemand gegen Simon und seine Mobbingversuche und offenbart diese dadurch als Unrecht.

Schluss
Transfer

Aus der Geschichte geht nicht hervor, aus welchem Grund sich Ben um Tessa bemüht, also ob er nur Mitleid und ein schlechtes Gewissen ihr gegenüber hat, ob er sich tatsächlich ein bisschen für sie interessiert oder ob er vielleicht auch nur die Partnerarbeit gewissenhaft umsetzen wollte. In jedem Fall hat er ein Zeichen gesetzt und den Kränkungen etwas entgegengestellt, was sicher sehr mutig und nett von ihm ist. Die Kurzgeschichte zeigt die Sicht einer ausgegrenzten Person auf Mobbing und regt dadurch zum Nachdenken an. Man kann sich fragen, wann man sich selbst auf Kosten anderer amüsiert hat oder Schwächeren nicht zur Seite gestanden hat.

persönliche Stellungnahme

Beim Lesen des Textes habe ich mich an genau solche Situationen in meiner Klasse erinnert. Manchmal ist man tatsächlich froh, dass man nicht selbst die Person ist, die verspottet wird. Umso mehr muss man Ben bewundern, weil er in Kauf nimmt, selbst ausgelacht zu werden, um eine Mitschülerin zu schützen. Ich frage mich allerdings, wie ernst Ben das alles meint und bin mir nicht sicher, ob die Situation für Tessa nicht doch noch zur Enttäuschung wird, falls Bens Verhalten eher durch Mitleid als Zuneigung begründet ist.

Abschlussprüfung 2023

Um dir die **Lösungen zur Prüfung 2023** schnellstmöglich zur Verfügung stellen zu können, bringen wir sie in digitaler Form heraus.

Sobald die Original-Prüfungsaufgaben 2023 zur Veröffentlichung freigegeben sind, können die dazugehörigen Lösungen als PDF auf der Plattform *MyStark* heruntergeladen werden (Zugangscode vgl. Umschlaginnenseite).

Aktuelle Prüfung

www.stark-verlag.de/mystark